知得《しっとく》流儀《りゅうぎ》

……シメイ……

徳島文理大学・徳島文理大学短期大学部 学長

桐野 豊［編］

はじめに

私ども徳島文理大学では、２００７年より、「各界トップと考える世界‐日本‐四国」という基本的フレームワークのもとに、「徳島文理大学連続特別講義・公開講座」を開催してきました。その趣旨は、日本の様々な課題が先進的に現れている四国＝課題先進地域を課題解決先進地域に変えていこう、そのためのヒントを頂ける各界トップの方をお招きして、学生・教職員・地域の市民が共に考え行動していこうというものです。本書は２０１６年度に開催した「連続特別講義・公開講座２０１６」の講演録に一部加筆修正したもので、シリーズの第10巻にあたります。

徳島文理大学は、徳島市（人口約26万人）中心部に位置する徳島キャンパスに6学部、高松市（人口約42万人）の南東に隣接するさぬき市（人口約5.3万人）の香川キャンパスに4学部を有する総合大学です。9学部27学科という広い専門領域において、地域の学術・文化のみならず地域活性化の核（「地（知）の拠点（Center of Community, COC）」）となるという地方大学の「シメイ（使命）」に応えようとしています。徳島文理大学がCOCになるということの成否は、本学の学生たちが、課題先進地域から課題解決先進地域への転換を担う人間に成長することにより検証されます。学生たちが、そのような役割を担う人間に成長するためのヒントを本書の5つの講座から学び取って欲しいと切望します。

本シリーズが始まって10年目というこの節目の時に、10年前の状況を振り返ってみましょう。本シリーズの第1巻「プロフェッショナルの提言：日本よ、再浮上せよ！」（2008年4月刊）の前書きに、私は次のように書いています。

―東京の繁栄は、地方から人材やすべての財貨が集まってくることに依存しており、地方がこれ以上疲弊して、東京へ送り出すものが枯渇すれば、東京もまた衰退に陥り、日本全体として衰退することになるかもしれません。―

しかしながら、当時は、「東京が世界の都市との戦いに勝ち残らなくてはならない、東京にもっと投資を！」と多くの識者が叫んでいました。私の尊敬する「知の巨人」の一人、山崎正和氏（当時中央教育審議会会長）も、２００７年７月に、高度のサービスと広域分散とは両立しがたい、分散すれば生活・文化のレベルは低下する、人口の都市集中は誰にも押し止められないとして、次のような提言をされています。

―都市集中をより賢明なかたちで推進することである。東京の人口を現在の二倍に増やし、そのほかに十カ所ほどの一千万都市を設けて、いわゆる多極集中をめざすのである。建築は徹底した耐震超高層ビルにして、その間に公園、緑地を広く取り、電気バスとモノレールを四通八達させたうえで、自動車の乗り入れを禁止する。―

現在は、２０１４年に制定された地方創生法（まち・ひと・しごと創生法）に後押しされる形で、全国各地で地方創生の取り組みがなされています。

しかし、山崎氏の、地方に資源が分散すれば、日本人の経済的、文化的レベルは低下するという指摘に応えるような、「地方創生」の戦略や方策は、未だ明らかにはなっていないように思います。「みんな平等に貧しくなろう」という（に等しい）主張をするオピニオン・リーダーもいますが、納得する人は多くはないでしょう。

本書から、モデルのない難しい時代の生き方や、課題の解決やイノベーションにつながるヒントを読者の皆様が得られましたら幸です。

皆様それぞれの地域で、独特の「課題解決先進地域」の実現を目指し、地方創生の「シメイ（使命）」を果たす上で活用して頂ければ、講座の企画者として、また、本書の編者としてこれ以上の喜びはありません。

桐野　豊

三砂ちづる
●津田塾大学国際関係学科 教授

第2講座

知財力による学生・地域の未来予想図

吉田芳春
●吉田国際特許事務所 所長
●弁理士

第4講座

患者から見た「薬害エイズ」の真実

第1講座

少子化の行方と母子保健

公衆衛生の立場から

三砂ちづる

津田塾大学国際関係学科 教授

1　日本の少子化対策の現状と課題

●少子化対策＝保育政策？

私の専門である「公衆衛生」からお母さんと赤ちゃんを見て感じていること、日本の課題の一つであり、四国でも深刻な課題である「少子化」についてお話をしたいと思います。

皆さんは「少子化」にどのようなイメージを持っていますか。まだ大学に入ったばかりの方が多いでしょうから、実感として分からないかもしれません。「日本は少子化で大変だ」と言われていることはご存じだと思います。現状の少子化対策は、どうやら「保育所をたくさんつくること」のように聞こえませんか。ニュースなどでも「保育所が足りないから女性が働けない。だから子どもの数が少なくなっている」とよく言われていますね。さまざまな自治体の取り組みも国の政策も「もっと保育所拡充を！」という方向です。

このように、少子化対策＝保育所をつくること、となっているのですが、これは一体どういうことなのでしょう。少子化対策＝保育政策というのは、経済学の理論上の予測に基づいているのかもしれませんが、公衆衛生の観点からすれば、現場の状況には基づいているとは言えない、というお話をします。

三砂ちづる氏

●少子化の現実

「少子化」はどのように議論されているのでしょう。人口動態統計に「合計特殊出生率」という項目があります。

合計特殊出生率というのは、一生の間に1人の女性が子どもを産む数の平均数です。2014年にこれが1・42となりました。平均すると1組のカップルから2人の子どもは生まれないということです。このままいくと人口は減ります。

２００５年の１・26を底として、合計特殊出生率は緩やかに上昇していましたが、２０１４年は前年を０・01ポイント下回り、９年ぶりに低下しました。背景には、第一子の出産年齢が平均30・６歳となり晩婚・晩産が一段と進んだことがあると言われます。

ところで、子どもは何歳から何歳くらいまで産めるのでしょうか。理論的には女性は、排卵がある間は子どもを産むことができます。しかし、12〜13歳で妊娠したらやはり困ります。社会的な問題だけではなく、身体的にも完全には大人になっていないからです。

日本では法的には、女性は16歳になると結婚できますが、現代で実際に16〜17歳で産み育てる人は少ないと思います。一方で、排卵があるから50歳ぐらいまで出産できるのかというと、それも難しい。妊娠できる確率は高齢になるほど下がります。30歳を過ぎると他の細胞と同じように、生殖細胞も老化していくので妊娠しづらくなります。

●晩婚・晩産の時代の中で

一般的に35歳を過ぎると妊娠しづらいと言われています。昔の女性は18歳ぐらいで初めての出産をして、最終的には48歳ぐらいまで出産することもありました。若い時から産み続けて最後が48歳、そんな感じだったようです。40歳を過ぎてから初めて妊娠する、というのとは少し違います。40歳を過ぎての初産も可能ですが、なかなか難しいことです。

いまでは初婚年齢が29歳を超え、初産の平均年齢が30・6歳です。晩婚・晩産が一段と進んでいるのです。

●結婚しない人が増えている理由とは

世の中が「無理に結婚をしなくてもいい」という流れになったので、結婚をしない人が増えているようです。独身女性の中にも「将来は絶対に結婚する」とは考えていない人も多いです。

なぜ、みんな結婚しなくなったのか。その重要な理由の一つは、上の世代が「結婚させなくなった」ことです。皆さんが大学卒業後に就職して働くようになっても、上の世代の方々があなた方に結婚するように働きかけることは今や、あまりないと思います。「結婚したかったらどうぞ」という感じなのです。私の親世代までは全く違いました。上の世代の方々が、若い人が結婚するようにアレンジしていたのです。女性は23〜24歳ぐらいになると「はやく結婚しなさい」と言って親や上司が相手を見つけてきました。男性も「君、そろそろどうかね」と、会社の上司がお見合いを勧めてきたのです。

●上の世代が「結婚させなくなった」時代に

若い人は基本的に「結婚したくない」と思っているものだと思います。若い頃は好きなことをしていたいから、結婚して誰かのために生きるとか、子どもを育てるとか、そういうことを面倒に思ってしまうのですね。すぐに交際相手をつくって、早々に結婚することができる恋愛上手な人は確かにいますが、そういう人は少ないです。放っておいたら自力では相手を見つけられないし、自ら結婚する気もないという人が、じつはほとんどなのです。

ひと昔前までは「それでも結婚するものだ」と、上の世代の方々が言い方は良くありませんが、ほとんど無理矢理、若い人を結婚させたのです。しかし、いま60代後半ぐらいの世代の、いわゆる「団塊の世代」と呼ばれる方々の頃から、「結婚は個人の自由だ、親の言う通りに結婚したくない」といった考え方が広まっていったようです。

今やその世代が祖父母世代になりつつありますから、上の世代の方々や親たちは、若い人に結婚しなさい、などとうるさく言わなくなりました。「娘や息子が結婚したくないならそれでもいい」と。ですから、今は家庭内でも職場でも「はやく結婚しなさい」というプレッシャーがあまりかかりません。そういう時代なので、結果として結婚しない人がたくさん出てきました。そうすると子どもを持つ人も減ってきます。これが非婚・少子化の背景だと思います。

●妊娠・出産・子育てへの負のイメージ

結婚しない人が増えている理由のもう一つに、妊娠・出産・子育てへのイメージの悪さもあるでしょう。「出産ってものすごく痛い」「鼻の穴からスイカやピアノを出すみたいに痛い」「痛いのは怖いから、子どもを産みたくない。結婚だってしたくない」という感じになるのでしょうか。「妊娠したら仕事ができない」「子どもを産んでも保育所が見つからない」「子どもがうまく育たなかったら自分のせいだと言われる」とか、とにかく妊娠・出産・子育てに対するイメージが悪いのです。大変だ、大変だ、と言われていると、そのようなことをしたい、とは思わなくなってしまうのではないですか。

●経験してみると妊娠・出産は楽しい

私は妊娠・出産の研究をしていて、いろいろな助産院や産科医院で聞き取りをしています。出産は確かに痛いのですが、子宮の収縮による痛みですから「切られて痛い」という痛みとは少し違います。陣痛は収縮と弛緩の波を繰り返していくのですが、収縮が終わって、緩んでいる時はフワーッと気持ちがよいそうです。お産の記録を見ると「お産はすごく気持ちがよかった」「自分の境界線がないように感じた」「楽しかった」「こんなに人に受け止められたことがなかった」「素晴らしい経験だった」ということがたくさん書かれています。妊娠・出産は痛いだけではなく、非常にクオリティーの高い身体経験なのです。

母乳育児も「赤ちゃんのそばを離れられない」などとネガティブなことを言われることも少なくないのですが、やってみた人にとっては「人生でいちばん楽しかった」と言えるような体の経験であり得ます。

●セックスレスと性への興味の低下

結婚しているカップルでも、セックスレスが多いと言われる今の日本です。コンドーム会社の調査によると、日本はカップルが世界でいちばんセックスしていない国だとか。私は母子保健の研究者ですから、避妊や妊娠中絶、妊娠・出産、エイズや性感染症を対象とします。「人間はある年齢になると、みんなセックスしたがるもの」というのが前提にあっての研究と言えます。放っておけばセックスをするので、子どもがそんなにたくさん欲しいのでなければ避妊しなくてはいけないし、場合によっては中絶を考えることもあります。性感染症にならないような対策も必要です。しかし、セックスレスがこんなに蔓延しているということは、私たちの専門の前提が崩れている、ということです。

思春期の性への興味の低下という問題もあります。もう10年くらい前になりますが、公衆衛生学会に行った時、養護教諭の先生が「中学生の男女はセックスを汚らわしいものだと思っていて、性への興味がどんどん低下している」と発表したのを聞いて、ちょっとびっくりしたのを覚えています。

●それでも保育所だけを増やすのか

最初に申し上げましたように、いまは少子化対策というと「保育所を増やすこと」と思われています。女性が働くためにまず保育所を増やさなければいけないという話になっていて、現実に保育所はどんどん増えています。延長保育・夜間保育といった保育時間の長時間化が進行しています。児童福祉施設である保育所の保育時間は、原則8時間と定められています。しかし、1日11時間を超えて保育を実施している保育所は1998年で28・6パーセントだったのに対し、2002年には49・5%に増大しました。保育所には0歳から就学前までの子どもが通います。1日8時間は長い。これは大人が働く時間と同じです。小学校1年生でも最初は午前中だけの授業で、そこから少しずつ時間が長くなっていきます。保育所に通う子どもはそれより小さいのに、1日11時間も施設にいるのです。親の側からすると、通勤時間や残業を考えると1日11時間ぐらいは預けないと仕事ができません。だから子どもたちはその間、保育所にいるのですが、これはなかなか幼い人には過酷な状況だと言えませんか。保育所に通っている児童は年々増加していて、2014年4月時点で226万6813人になり、保育政策は拡大してはいます。

2 予測ではなく現場から少子化を見る

●少子化対策のもとになった「経済学」

少子化対策のために保育所を増やす政策は、どんな学問のどういう考え方を基にしているのでしょうか。

少子化対策＝保育所を増やすというロジックは、じつは経済学の考え方から来ています。

保育政策と出生行動に関する経済学の研究で、1960年代にゲーリー・ベッカー（ノーベル経済学賞を受賞したアメリカ人経済学者）によって提起された出産の意思決定を説明する理論が多く用いられているのです。

なぜ、保育所を増やすと少子化が解決できると経済学の人たちは考えているのか、論文を見てみましょう。

「家計は与えられた所得と時間のもとで、その効用を最大化するために、育児コストと子どもから得られる効用を比較して、最適な子どもの数を決定すると考える」とあります。自分の稼ぎや時間、それと育児にかかる費用や時間も考えて、子どもを産むとどんないいことがあるかを見極めてから子どもの数を決めるということです。

さらに「親、とりわけ母親が育児をすることによって生じる賃金の損失は、育児の機会費用であり、出産・育児を選択することは、その間労働によって得られる所得を失うことであると考えられる」としています。機会費用とは「ある行動を選択することで失われ、他の行動を選択した場合に得られたであろう利益」のことです。簡単に言うと「働いていた時は賃金を得られたけれど、子どもが生まれて外で働けなくなったから所得がなくなった」ということです。

続いて「しかし、保育サービスが充実することで、女性の育児期間中の就業継続が容易になれば、それによって出産・育児の機会費用の減少につながり、結果として女性の出生行動を促進させる効果を持つと考えられている」とあります。

経済学では、すべての人間は利益が最大になるように行動すると考えます。出産してもすぐに保育所に預けられるのであれば機会費用が減少しないので、きっと女性は子どもを産んでくれるだろうというのが経済学のロジックなのです。だから保育所が足りないと少子化対策がうまくいかないという話になっています。

●保育所が増えても子どもは増えない？

これらは経済学の理論をもとにした「予測」です。保育所が増えればおそらく女性は機会費用を失わなくなるから、子どもを産んでくれるだろうという予測です。

予測ですから、当たらないこともあります。実際に保育所を増やしても、ここ10年の日本の出生率は相変わらず低いままです。ということは「保育所を増やすと、女性が子どもをたくさん産んでくれる」という予測は当たっていないのです。

私たちが専門とする「公衆衛生」の分野では、予測するのではなく現実のデータを分析します。保育所がたくさんあるところで実際に女性が子どもを産んでいれば、少子化対策＝保育所増設で良いことになります。果たしてそうなっているのか、データを見てみましょう。

例えば２００５年度から２０１３年度における東京都の市区町村別の合計特殊出生率と保育所関連のデータからは、はっきりとした関連があると言えませんでした。保育所を増やしても、実際には子どもの数がそんなに増えていないというのが現実のデータなのです。公衆衛生の分野では、少子化対策＝保育所増設の積極的な科学的根拠は見つけることができていないと言えます。

●子どもの立場で保育所という場を見る

若い女性の中には「はやく復職したいから、子どもを産んだらすぐに保育所に預けたい」と考えている人が多いようです。「子育ての経験がなくて育て方が分からないから、保育所に預けます」「子どもは集団生活をして、ソーシャライズされるほうがいい」というふうに、保育所に預けることが肯定されています。政府が勧めているので、皆さんがそう思っているのですね。

厚生白書は１９９０年代に大きな転換をしています。

それまではどうだったかと言うと、子どもは３歳になるまで家庭で育つほうがいいと書かれていました。ところが90年代半ばぐらいから「３歳児神話」という言い方が出てきます。「子どもが３歳になるまで親と一緒に家にいなければいけないというのは単なる神話であって、本当ではない。子どもは保育所に行ってもどこに行っても育つ」というのです。

３歳児神話が女性の就労を妨げていると叫ばれるようになって、厚生白書のトーンが一気に変わったのです。「３歳まで親のそばにいてもいなくても変わらない」ということに科学的根拠があるとされ、その内容は「保育所に預けられている子どもと、預けられていない子どもの精神・身体の発達（５歳の段階）には差がない」というものでした。これを受けて厚生省（当時）は方針を転換し、子どもを保育所に預けても構わない、ということになっていったようです。

本当にそれで良かったのか、まだ誰にも分かりません。疫学の仕組みでは、いい影響・悪い影響に関して、長期的に見ることは難しいのです。「大体５歳児ぐらいでみんな元気であれば、保育所に預けていてもいなくても同じ」というふうになってしまいます。子どもが小さい時から集団保育を受けられるからといって、実際に子どもが増えるとは限らないのに、子どもを保育所に入れることにみんなで賛成していく枠組みができ上がっていきます。これはちょっと恐ろしいことではないかと考えています。

研究者というのは、目に見えないことをいろいろ想像してみるのも仕事だと思っています。私は子どもの保健とお母さんの保健が専門です。親からすれば「働きに行きたいから、子どもを保育所に預けたい」と思うかもしれません。しかし、子どもの立場に立って考えてみると、それはどうなのだろうと思うのです。

●病気になったときの赤ちゃんの立場で考える

赤ちゃんの立場に立って考えると、赤ちゃんの頃は家にいて、何となくボーッとしていたいのではないでしょうか、病気のときにいつもとは違うところに病児保育児として預けられるのは嫌なのではないでしょうか。

昔は子どもが病気になると、親は仕事を休んでいました。経済学の理論では、子どもが病気になると親の機会費用が減ってしまいます。そこで、子どもが病気でも親が働きに出られるように、病児保育の施設を増やしているのです。病児保育の施設というのは看護師さんや医師がいるところで、普段とは別の施設です。病気で具合が悪くなっているのに、自分の知らない保育所、知らない保育士さんのところに預けられたら、赤ちゃんは本当に悲しくなると思うのです。

●赤ちゃんに社会性は必要か

「子どもの社会性を育むために保育所に預ける」という人もいますが、1歳にもならない赤ちゃんに「社会性」は必要でしょうか。保育所はもちろん大切ですし、1歳以下の子どもを預ける必要があることもありましょう。しかし、本当に幼い子どもたちの多くが保育所に行くべきか、ということについては疑問があります。子どもの保健を専門にしている私から見ると、なかなか厳しい政策が推し進められていると言わざるを得ません。

●現代の子どもたちは疲れている

日々子どもを観察している保育所の保育士さんに聞くと、最近の子どもたちはすごく疲れているし、あまり具合が良くないそうです。いい保育所であればあるほど「本当は、子どもは家庭で育てたほうがいい、保育所は必要悪だと思っています」と園長先生などはおっしゃいます。産休が1年あったとしても、子どもが1歳になった時に保育所が見つからないから生後3カ月から預ける、ということも多いですね。公務員や大企業に勤めている人だと、有給か無給かは職場によって違いますが、産後に3年ぐらい休める制度があっても、現実にはすぐに子どもを保育所に預けて働き始めることが多いです。そうしないと保育所に入れないからです。

保育所の現場の方たちは、子どもが長い時間預けられることについて、大変心配されています。多くの保育所では夕方の6時や7時以降はなかなか預かってくれないので、トワイライトステイという別の保育所も存在しています。その場所で晩ごはんを食べさせてもらって夜10時ぐらいまで預かってもらい、親はそこに迎えに行くのです。トワイライトステイで働いている保育士さんに聞くと、子どもたちは本当に疲れているそうです。小学1

年生でも午前中しか学校にいないのに、幼い子が一日中保育所にいるのはつらいと、私は思ってしまいます。

3　民俗学の観点から子どもの問題を考える

●柳田国男と「軒遊《のきあそ》び」

ちょっと話を変えましょう。日本民俗学の草分けと言われる柳田国男さんの言葉を紹介します。民俗学とは古い風習や慣習を研究します。この方が「軒遊び」という子どもの遊びを民俗学の分野で分析しています。

●軒遊びって何だろう

柳田国男は昭和62年に出された『分類児童語彙《ぶんるいじどうごい》』（柳田国男・丸山久子、国書刊行会、1987）という本で子どもの遊びを分類しています。外で遊ぶのは「外遊び《そとあそ》」、家の中で遊ぶのは「内遊び《うちあそ》」。そして、家の中で遊んでいた時期から外に出て遊び始めるまでの間に「軒遊び」という段階があると柳田国男は定義したのです。

その本にこう書かれています。

軒遊びという語は私の新たに設けた名称であるが、聞けば誰にもこの心持ちは呑み込めることと思う。一言でいえば、次の外遊びと対立し、また親の傍での生活と外の生活との、ちょうど中間にあるものともみられる。小児が次第に保育者の注意から外へ出て行く一つの順序として、おりおりは何をしているかを知らずにいる場合、すなわちそこいらにいるはずだというような際には、多くはこの遊びに携わっているので、家に手がかあり愛情が豊富なれば、たいていは誰かがそれとなく見ている。（分類児童語彙、118ページ）

イメージとしては「軒や縁側で親の気配を感じながら子どもが遊んでいる」という感じです。

●吉本隆明の「軒遊び」体験

この軒遊びについて、吉本隆明さんの言葉も紹介しましょう。この方は日本戦後最大の思想家と言われた方で、小説家の吉本ばななさんのお父さまです。

吉本隆明さんと芹沢俊介さんの『幼年論—21世紀の対幻想について』（彩流社、2005）という本の中で、軒遊びについて、吉本隆明さんが自身の経験を語っています。

わたしにとって「軒遊び」の年齢にふさわしい一番あざやかな情景は、素通しの硝子障子で戸外と区切られた玄関の土間に、どっかり据わり込んで、ぼんやり外の方を眺めたり、兄と姉が小学校へ出かけてしまった留守に、母親と二人だけで静かなあまり、こっくりこっくりそのまま居眠りしていた記憶だった。母親は針仕事で足袋や靴下の破れをかがっている。ときどき台所のほうで家事をする。わたしは軒よりも少々内側で硝子障子の内側から、外にみえる鳩の群れや、掘割を隔てた向う岸の小学校の建て物や、道路を隔てた鉄材置き場を、ぼんやり眺めている。（幼年論―21世紀の対幻想について、1ページ）

2〜3歳ぐらいの頃でしょうか。お姉ちゃんとお兄ちゃんが小学校へ出かけていて、お母さんは何となく家事をしていて、自分は家と外のちょうど真ん中で外を見ながらお母さんの傍で居眠りしているという情景です。続きを読んでみましょう。

母親は、便所に行って終ったあとは「もうせんと」（もう排尿・排便は終ったよ）と大声を出して呼びな、と言って、また静かになる。硝子障子越しの素通しの風景と土間に腰をついたままの居眠りと、母親の九州弁の「もうせんと」という注意が、静かな「軒遊び」に固有のものだった。（幼年論―21世紀の対幻想について、1ページ）

吉本さんの両親は熊本県出身です。熊本県の保育士さんに聞くと、「もうせんと」という熊本弁は、今でも子どもにかける言葉だそうで「おしっこ、すんだ?」「おしっこに行ったら?」という意味です。そう考えると、これも2~3歳ぐらいの時期だと思います。ガラス障子越しの景色、居眠り、向こうから聞こえるお母さんの声などが、自分にとって静かな軒遊びに固有のものだったと書いておられます。

●内と外の間にあるもの

先ほどの吉本隆明さんの言葉は次のように続きます。

ほんとうをいえば、幼児期の内働きの主役であった母親の授乳と排泄から学童期にいたる間に、とくに「軒遊び」の時期を設定してみせた柳田国男の考え方は、たんに民俗学や人類学の概念の基礎を与えただけではない。存在論の倫理としていえば、母親による保育とやがて学童期の優勝劣敗の世界への入り口の中間に弱肉強食に馴染まない世界が可能かも知れないことを暗示しようとしているともいえる。そして誰もが意識するか無意識であるかは別として、また文明史がそれを認めるか認めない方向に向うかは別と

して、この中間をもつことは人間力の特性につながっていると思える。（幼年論―21世紀の対幻想について、2－3ページ）

●優勝劣敗の世界に出る前に

人間は優勝劣敗の世界にいます。勝つか負けるか、勉強ができるかできないか、運動ができるかできないか。小学生くらいになると否応なく、人と比べられる優勝劣敗の世界に入っていきます。でも、お母さんの傍にいる幼い時と優勝劣敗の厳しい社会との中間に、弱肉強食になじまない世界の存在が可能かもしれないと、吉本隆明さんは言っているのです。さらに、意識するか無意識であるかは別として、文明がそれを認めるか認めないかは別として、軒遊びのような「中間」の時期を持つことは人間の特性に繋がっているのではないか、とも言っています。

つまりヒトが一人の人間として生きていく上で、お母さんに抱っこされていた時期から弱肉強食の世界に入っていくまでに、軒遊びというぼんやりした時間、意味のない時間があることが、重要なのではないかと、吉本隆明さんはおっしゃるわけです。

●ぼんやりした時間を持てない子どもたち

少子化対策＝保育所拡充ということで、増えていく保育所は、結果として軒遊びの時間を子どもから奪うことになるのではないでしょうか。吉本隆明さんは、意味のない時間を持つことが大事なのだ、そうじゃないと人間の時間がすべて意味ある時間ばかりになってしまう、と書いています。

保育所というのは意味ある時間です。活動をして、お昼寝の時間があって、ご飯の時間があってという集団生活の時間ですから、ぼーっとしているわけにはいかないのです。保育の現場や保育所にいる子どもたちは大丈夫なのだろうか、軒遊びがない子どもはどんなふうに育っていくのだろうか、どうしても行かなければいけないのであれば保育所はどうあるべきなのだろうか、ということを大人として考えなければならないと思います。

●現実を観察し、問題を見極める

私が指導している大学院生の一人に、保育所のデータを取って子どもの精神的・身体的健康と保育時間の関係を見ようとしている人がいます。また、保育時間が11時間を超えて長くなればなるほど、子どもに精神的な不安定が出てくることを示そうとしているのです。少子化対策で保育所に預ければいいし病児保育も増やせばいいということではなく、子どもの立場からするとつらいことがある、ということをデータ化するのは必要です。機会費用を失わないように保育所をつくるというデータを経済学で予測するのは結構ですが、公衆衛生の分野としては、もっと現場の子どもたちを見たり、母親たちを観察したり、予測ではなくて現場で起こっていることを見て、問題を見極め、調査を立ち上げていかなければいけないと考えています。

●「生《せい》の原基《げんき》」と敵対する現代

渡辺京二さんという熊本県にお住まいの歴史家の方が「生の原基」ということを言っておられます。

あらゆる文明は生の原基の上に、制度化し人工化した二次的構築物をたちあげる。しかし、二十世紀から二十一世紀にかけてほど、この二次的構築物が人工性・企画性・幻想性を強化して、生の原基に敵対するようになったことはない。一切の問題がそこから生じている。（心に残る藤原書店の本、藤原書店、２０１０、87ページ）

生の原基というのは渡辺さんの造語です。これは、人間には生物としての「もとのかたち」があるというのです。生まれて次の世代を残して死ぬということが、人間のもとの形だと思います。要するに、人間が生まれて次の世代を残して安らかに死ぬことが上手にできるように、人間は文明というものをつくり上げ、いろいろな構築物を立ち上げてきたということです。ところが20世紀から21世紀にかけては、この二次的構築物が人工性・企画性・幻想性を強化して、生の原基と敵対するようになった。例えば原子力は科学の発達とともに使われるようになりましたが、発達すればするほど生きていくことそのものとは敵対し始めます。医療が出産に介入することが増え続けると、女性が「自分で産む力」を失っていきやすいのです。

文明を発展させていこうとすればするほど、生《せい》のもとの形から外れていくのが20世紀後半からの現在の文明なのです。

そういうところに私たちは生きています。

●現場を見る視点で疑問を持つ

保育所をたくさんつくって少子化対策をしていることも、ある意味では生の原基と敵対していくのかもしれません。このような文明の中で、生の原基の側にあえて立つとはどういうことでしょうか。私が専門にしている公衆衛生も文明発展の一つの方向なのですが、どこまでこの文明と対峙できるのか、現場から立ち上げる研究を武器にして、どこまでのことができるのか、考え続けたいと思います。

●疑問を持ち、自分の頭で考える大切さ

学問にはそれぞれのやり方や証明の方法があります。それを武器にして「今、世の中で言われていることに、ちょっと疑問を持って自分の頭で考え直してみる」ことを大学で学んでいただきたいものです。

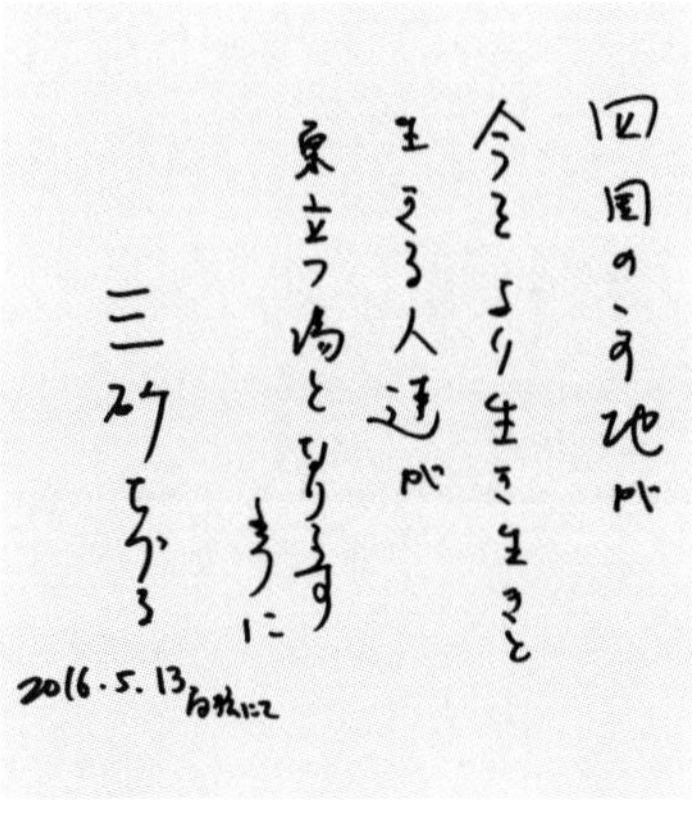

2016年5月13日講演
三砂ちづる氏

鼎談 1

少子化対策は妊娠・出産へのネガティブなイメージを取り去ることから

三砂ちづる
津田塾大学国際関係学科 教授

福島道子
徳島文理大学保健福祉学部 教授

桐野 豊
徳島文理大学・徳島文理大学短期大学部 学長

●自分の身体の声を聴くということ

福島 お話を聞いて、今まで持っていた常識が覆されました。保育所に関することなどいろいろなお話を伺う中で、今まで当たり前だと思っていたことが、じつは根拠がないのかと思いました。

最後の「生の原基」というお話は、先生の著書や対談でも心を動かされた部分でした。

三砂ちづる氏

例えば、女性の月経血コントロールのように「身体の声を聴く」ということと「生の原基」とは関連していると私は考えたのですが、そのあたりの補足をお願いいたします。

三砂　「生の原基」とは、人間が生まれて次の世代を残して死ぬという、生物としての「もとの形」のことです。20世紀以降は簡単に言えば暴走していて、生まれて次の世代を残して死ぬという人間のもとの形からは、だんだん外れてきているということをお話ししました。

仮に、体調が悪くなったとします。そうすると病院に行きますよね。医療の助けを受けることに、皆さんは全く疑問を感じていないと思います。ほとんどの親は、子どもの具合が悪くなれば、すぐ病院に連れて行くと思います。しかし、近代医療が発達して病院に行けるようになったのは、この50年、長く見ても１００年ぐらいのことでしょう。それまでは病気になると死んでいたのかというと、決してそんなことはありません。いろいろな病やけがを自分たちで克服してきたから、ここまでずっと人間が続いているのです。

昔は医療の助けがなかったから自分の身体に注意を向けていたし、特にお母さんは子どもの身体の悪いところに対して、母親自身の力である程度は処置していたと考えられます。自分で自分の身体を調整する能力や、見えないところであっても察知する能力を持っていたはずなのです。そういう力が「人間が生きていく」ほうに使われる努力はされてこなかったし、20世紀以降の文明では継承されませんでした。医療を使って客観的に外から診断してもらうという方向になっていきました。

生の原基という面からすれば、私たちは自分たちの身体のことをすべて、近代医療など他人任せにすることに慣れてしまったと言えます。つまり、自分の身体のことに関して自分で感知できる能力は人間全体として減ったのだと思います。

福島道子氏

福島先生がおっしゃった月経血コントロールというのは、私が10年くらい前に90代の女性たちに聞きながらまとめた研究です。現代の女性は生理用ナプキンやタンポンをつけていますが、昔はありませんでした。では、昔の女性はどうしていたのだろう、と考えたのです。研究から、昔の女性は月経をある程度コントロールして、トイレに行って経血を出していたのだということが分かりました。こういう話をすると、現代の女性の中にも「ナプキンをほとんど汚さずに、私はトイレで出しています」という人もいるので、できる人はできるのです。意識してトイレで経血を出そうとしていると、できる人はできています。

私たちはいろいろな力を失ってきているのではないかと思っていて、私はそういうものを幾ばくかでも回復させていくことに個人的に興味があるのです。

桐野 豊

桐野　文明が発達して便利なものがいろいろ出てきたことで、人間は動物だという意識がだんだん忘れ去られているということでしょうか。逆に、人間はどんなに文明が発達してさまざまな道具を使うようになっても、もとは動物であるということに近いのではないかと思うのですが、それで間違いないでしょうか。

三砂　はい、間違いありません。私たちはこの文明をがんばって生きていくしかないのですが、それには特有の生きづらさがあります。こんなに便利なのに何か悲しい、自殺する人が多い、幸せになれない、男と女はもっと仲良くできるのではないか、といったような生きづらさは、私たちが失ったものとかかわっているのではないかと思っています。

●保育所に預けることはいけないことなのか？

福島　次に保育所のことです。今の子育ての環境は必ずしも良いとは言えず、現代の女性は母親になる前に「お母さんの勉強」が不足していると思います。

私は6人の兄弟姉妹がいたので、いちばん上の姉は私をおんぶしたり、おむつを替えたりしていたというのです。そんな中で多分、姉は子育てを学んでいたと思います。今はそういう経験が浅いお母さんが多い上に、近隣関係が薄くなって困ったときでも声をかけることができません。子どもの様子がおかしいときに、どうしたらいい？　と気軽に聞ける人がいるわけでもありません。うっかり外に出すと、子どもがさらわれてしまうのではないかというような時代において、昔のように少し目を離しても大丈夫という状況ではない感じがします。お父さんが「行ってきます」と言って仕事に出かけると、母親は子どもと二人きりになって息が詰まる、煮詰まってしまうという表現をする方もいます。

そういう時代の中で、私は保育所が大きな役割を担っていると思いますし、私自身の経験からも私一人で育てるよりはずっと良かったと思います。いろいろな方がかかわってくださったおかげで、子どもが育ったと思うわけです。保育所は私にとってとてもいいものなのですが、三砂先生からは「母親が育てよ」というメッセージを受け取りました。今のお母さんの状況と保育所に対するポジティブな評価を述べましたけれども、それに対していかがでしょうか。

三砂　保育所に預けてもいいのです。今はこういう世の中ですし、お母さんも働きに出なければいけないし、現実には保育所に預けられると助かります。

けれども、それは一つの結果であって、私が問題だと思っているのはむしろ、今の若いお母さんたちがどんどん「自信をなくしている」ということです。自分は子どもを育てられない、産む自信がないというようなことが、小さな子どもを保育所に預けてもいいという風潮に拍車をかけていることが心配なのです。

結果として保育所に預けようが、そういうこと自体が問題ではないのです。先ほど桐野先生がおっしゃったように、どんなに時代が変わろうとも私たちは動物としての人間である、という限界と可能性があるわけです。

いまの妊娠・出産・子育てについて言えば、私たちの動物としての本能のスイッチが入るようなきっかけが、なくなってきたと思います。

例えば、硬膜外麻酔によって下半身の痛みを和らげる、無痛分娩と呼ばれる出産方法があります。ヨーロッパやアメリカではどんどん増えていて、日本でも増えています。別にそれを選ぶ方があっても結果としてはかまいません。

私は助産院での出産や自然分娩を体験した人の記録を何千と読んでいます。

助産院にはお医者さんがいませんから、助産師さんができるだけ女性の力・赤ちゃんの力を使ってお産ができるように、妊娠中からかかわっていくところです。そういうところでお産をしたお母さんの手記には、びっくりするようなことが書いてあります。講演でも述べたように「痛かったけどこんなに素晴らしい経験はなかった」「自分はこんなに受け止められたことなかった」「宇宙の霧になったような気がした」「素晴らしい経験だった」「楽しかった」「すぐにまた産みたい」。特徴的なのは、文章が素晴らしいことです。踊るような文章が書いてあって、しかも「日本の皆さん!」という呼びかけがあったりします。「日本の皆さん! 私のお産はこんなに素晴らしいものでした。助産院が続いてほしいので、学生の実習をこれからも受け入れてあげてください」「こういった経験をみんなができるようにしてほしい」「私とこの子が生きていく世界が、いいものであってほしい」というように社会認識の目覚めのような言葉がバーッと書いてあります。

その人は自分の身体を使うお産をすることによって、母性のスイッチが入ったのです。楽しい身体経験のお産をしたことで自然と自信がわいてきて「子どもぐらい育てられるわ」という気持ちになるのです。そして、自分の子どもと一緒にいることがすごく楽しいと思えるようになります。自分の身体を使って妊娠・出産すると、女性にはスイッチが入ります。その人が仕事をしてもしなくても、保育所に預けても預けなくても、自信を持って母親になれるのです。

お産がうまくいかなかった人でも、母乳保育がうまくいくと自信がつきます。お腹がすいて赤ちゃんが泣いたりすると、その場で母乳がつくられ、パーッとおっぱいが張ります。それを赤ちゃんに吸ってもらうと、すごく気持ちがいいのです。それは男性の勃起と射精のプロセスと同じと言われますので、男性にも大体想像がつくと思います。お母さんの胸がパーッと張って母乳が出るというプロセスを、子どもと共有することもすごく楽しいです。自分の身体から出したもので子どもが育っていくというのも自信になるし、子どもと繋がっているという実感もあります。でも今は、母乳保育はお母さんと赤ちゃんが離れられないから大変だとか、お母さんが仕事に行けないとか、粉ミルクでも同じだとか、いろいろな情報があるために、母乳保育でもスイッチが入り損ねます。

妊娠・出産するというプロセスのどこかでスイッチが入って、私たちの野性が目覚めるということは、楽しいことであると伝えたいのです。親として子どもを育てていくスイッチが全部入らないような状況の中で、お母さんたちが「子育てはつらい」「出産はつらい」という気持ちになっていることをとても悲しく思っています。

子どもを保育所に預けるからといって「自分には子どもが育てられないから、保育所に預けたほうがいい」と、母親が考えざるを得なくなるような情報提供の仕方を、私は悲しいと思うのです。妊娠期から、あるいは思春期の時から、自分の身体に自信を持てるような情報提供やかかわり方が、上の世代の人間にはあるはずだと感じています。

結果として、小さな時から保育所に行ってもいいのです。ただ、妊娠・出産・子育てのプロセスで多くを失っていて、近代医療も社会科学も、母性のスイッチが入るということについて上手に説明できていないというところに、もどかしさを感じています。

●保育所とコミュニケーションの関係

桐野　会場から質問が届いています。「経済学的には子どもを産むことによって生活できなくなるんだったら産まないと思います。社会政策としては、子どもを産んでもちゃんと生活ができるというのは正しいと思います。子どもは親と話をすることでコミュニケーション能力が育つと思うのですが、保育所に長くいて親とのコミュニケーションが減ると問題がある気がします。保育所に預けてもコミュニケーション能力がちゃんと育つようにするにはどうしたらいいんでしょうか」

三砂　お金があったら子どもを産むのか、お金がないから産めないのかということについては、国の政策と一人ひとりの生活レベルという全く別のことを話すべきだと私は思っています。もちろん政策的には、子どもを育てられないような最低賃金で働く人が増えると、社会の安定に対して問題があります。仕事や賃金を保証して、働きたい人が働ける世の中をつくるということは、社会政策上非常に重要なことです。そのことと、皆さんに好きな人ができて一緒に住むようになって子どもを育てようと思う時の決断とは、別のものです。

人生の楽しいことの一つは、愛する人を見つけて一緒に暮らして、その人との間に子どもができることだ、と私は思っています。その楽しいことを自分が必要とするなら、二人でがんばって話し合い、支え合って何とかすることです。それは政策とは違う次元の話です。

あなたとパートナーが、「子どもがいるから、がんばって仕事をしよう」「今の私は仕事に行けないから、あなたが働いてね」と二人で話し合って解決していくことは、いかなる政府のもとでもできることだと思うので、経済政策と一緒に考えないことが大事だと思います。

また、保育所に預けてもお母さんや家族がコミュニケーションを取ることができるのかというと、できると思います。保育所で育った人はたくさんいると思いますが、そのことで親とのコミュニケーションが取れなくなったり、親とのかかわりの機会が失われたりするとは全く思っていません。

公の政策としては、親子のコミュニケーションの時間がなくなるほど親を働かせてはいけないわけです。これは長時間労働の問題です。マクロの分野では、小さい子どもがいる男親も女親も、子どもたちと一緒にいる時間が保証された働き方ができるようにしなければいけません。一方でミクロの分野、自分の家庭のことだとすれば、たとえ保育所に預けなければいけなくなっても「お母さんもお父さんも本当に大変だから、あなたに保育所に行ってもらっているんだよ」ということをきちんと話せる親であれば、子どもとのコミュニケーションを心配することはないと思います。

●少子化はそもそもいけないことなのか

桐野　もう一つ質問が届いています。「少子化はそもそも本当にいけないことでしょうか。今、日本で100万人ぐらいの出生数があります。それぞれが80歳まで生きるとすると、単純計算で人口は8千万人になります。出生数が毎年80万人だったら6400万人です。それは日本の国土から見ると適正ではないでしょうか。日本の人口が1億2千万人というのは戦後のベビーブーム、あるいは寿命が延びたせいで増え過ぎたということで、世界中で人口が増え過ぎて困っている面もあるので、当面は少子化そのものが大問題ではないと思うのですが」ということです。

三砂　はい、その通りだと思います。日本人の数はもっと少なくなってもいいと思います。でも政治側からすると大問題です。少子化というのは若い世代がどんどん減るということですから、たくさんいる高齢者を誰が支えるのかという話になります。

子どもを産まずに一人で生きていくほうを選択することは防げません。あるいは男が男を好きでも女が女を好きでも全然いいのです。ただ、性と生殖というものが人間にとって代え難い喜びなのだということを伝えられなくなっているのが問題だと思っているのです。子どもがいると楽しいです。妊娠・出産は女性の身体にとって大変楽しい経験で、男の人もそれを見ていて楽しいと思います。

そういうことが喜びではなく負担である、というふうにしか伝えられなくなっていることに、上の世代の人間として責任を感じてしまいます。だから妊娠・出産、性と生殖に関する楽しさというものを次の世代に伝えなければいけないと思います。もちろん楽しいことだと分かっていながら、それでもやらないという人は別にかまいません。私たち上の世代が「子どもを産むのは大変」「結婚なんか何もいいことない」と、ネガティブな印象ばかりを次の世代に与えておいて放りっぱなしにすることが良くないと思っています。

●他国の少子化対策との違い

福島　わが国において少子化対策の一番のポイントはどこなのでしょう。フランスなど少子化対策にある程度成功した国がありますが、それはなぜなのでしょうか。

わが国では「少子化は問題だ」と言いながら、国の対策としてそれほど熱心ではないのではないか、あまり緊迫感がないのではないかと感じてしまいます。

三砂　生まれてくるところと死ぬところ、どちらももっと生活の場に戻ったほうがいいという議論があります。病院で管に繋がれて死ぬよりも、家で死ぬほうがいいという議論がありますし、お産は分娩台に足を固定して医療界のなかで産むよりも、できるだけ家に近い環境で産んだほうがお母さんにも赤ちゃんにもいいという議論があります。

その二つの中で、人が家で死ねるような体制を整えていくほうが先に進んでいくでしょう。なぜかというと、いま意思決定している人たち自身のことだからです。政治家も私たちも年を取って死ぬからです。自分が家庭でよりいい死に方ができるように、プライオリティを持って制度を整えていくことでしょう。妊娠・出産・子育てについては、意思決定をしている政治家はこれから生まれる人ではないので、議論が後回しになるだろうと思います。

フランスではいろいろな制度を整えていったことで、少子化が回復したのですが、そもそも日本と同じように議論できません。フランスは男性も女性も死ぬまでセックスのことを考えるような国なのです。ロマンスにかけるエネルギーというか、性に手を抜かないというか、人と人が恋をすることに熱心です。そういう国の少子化対策ですから、私は若干の微調整で子どもが増えたのだというふうに思っています。

簡単に言うと日本にはエロスが足りず、フランスにはいっぱいあるということです。日本もそのあたりからやらなければいけないので、それを私はポジティブな言葉でもっと伝えたいのです。

フランスは制度も整えましたが、人間のエロスというものに対する考え方が日本とは違います。私はブラジルで10年生きてきたので、ラテン系の人たちの男と女のかかわりや、子どもたちへの非常に濃密な愛情を見てきています。せめてはこのポジティブな情報をどう伝えきれるのかというあたりが私は重要だと思っています。

第2講座

知財力による学生・地域の未来予想図

発明によって自ら考え、未来を切り開く

吉田芳春

吉田国際特許事務所 所長
弁理士

1　発明をもっと身近に考えるために

●弁理士という職業

はじめに「弁理士」という職業について簡単にご説明します。皆さんが考えたアイデアなどをまとめて文書にして特許庁に申請することで、アイデアが「権利」になります。いいアイデアであれば､外国にも申請して国外でも権利を得ることができます。このように、ちょっとしたアイデアなどを申請したり、あるいは物品のデザインを登録したり、または地域のブランドや皆さんのブランドを登録することをお手伝いするのが弁理士の仕事です。弁護士のように、偽物が出たら訴訟手続きをするのも仕事になります。国家試験があり、理系出身者が多い職業です。収入は弁理士の能力によって異なります。安い人もいますし、年収が1千万円以上の人や億に近い人もいます。私の事務所の場合は、年収1千万円ぐらいの先生が2人います。

●発明は難しくない？

これから「発明は難しくない」というお話をします。ビジネスで成功した人のほとんどが発明やアイデア、デザイン、ブランドをもとにしてスタートしています。しかも学生時代に考えたものがもとになっている場合も多いのです。そこで学生の知財（知的財産権）について、そして大学ではどのように知財を扱っているのか、それから地域の知財について順番にお話ししたいと思います。これを聞くことによって、皆さんの未来が変わってくるかもしれません。

吉田芳春氏

●ノーベルの特許取得と功績

皆さんご存じのノーベル賞のアルフレッド・ノーベルさんは、スウェーデンの化学者であり、発明家・実業家です。ダイナマイトを開発して巨万の富を築いた人ですね。その遺産で創設されたノーベル賞は、世界最高の賞として認知されています。

ノーベルは、ダイナマイトについて50カ国で特許権を取得して、世界に100近い工場を持ちました。

ニトログリセリンというのは、接触してすぐに爆発する物質です。それを珪藻土《けいそうど》という土に入れることで接触を防ぐことをノーベルは考えました。アメリカでの特許を調べたところ、次のように書いてありました。「ニトログリセリンを珪藻土と組み合わせて爆発性合成物にすることで、ダイナマイトを安全に保管できて、必要な時に雷管をつけて爆発させる」

特許の文書としてこのまま申請すると、珪藻土以外を使えば特許権侵害になりません。じつはノーベルは中学生か高校生の頃、パテント（特許）の個人教授を受けていたのです。そこで、アイデアを真似されないように「ニトログリセリンを珪藻土と組み合わせた場合、またはそれとは別にそれと似たような等価のものと組み合わせた場合」という二つの内容を、一つの文書に入れて申請しました。このことが利益につながって、ノーベル賞の原点にもなりました。

実際のダイナマイトは、ニトログリセリンとニトロセルロース（硝化綿）を混ぜたもので商品化されました。珪藻土を使わずに商品化されたので、権利範囲が珪藻土だけであれば簡単に真似されて、ノーベルはダイナマイトで利益をあげることができなかったのです。特許の文章の書き方で皆さんのアイデアがどこまで広がるのか、これがポイントです。それに携わる我々、弁理士の責任は重大です。

●どのようにして発見するのか

ノーベル賞は1人につき日本円で約1億円ほどの賞金を授与しています。2015年は大村智先生（学校法人北里研究所顧問・北里大学特別栄誉教授）がノーベル生理学・医学賞を受賞しました。寄生虫によって引き起こされる感染症の治療に関する発見をしたことで、アフリカのいろいろな人を救済したのです。

この発明のもとになったのは、静岡県伊東市の川奈ホテルゴルフコースの付近で採取した土だと言われています。どんな時も必ずビニール袋を持ち歩いている大村先生は、そこの土を採取したのです。その土の微生物から発見された化合物「エバーメクチン」がもとになって、対感染症の特効薬が開発されました。この功績が大きいのです。

特許庁のデータベースで調べたところ、大村智先生と北里研究所で特許になったものが70件公開されています。特許出願件数は217件です。エバーメクチンに関しては、8件分の特許になっていて、書類は22ページの厚さです。この特許に関するロイヤリティは、大村先生と世界的な製薬会社の米国メルク社との契約関係によるのですが、大村先生はそのお金をほとんど北里研究所のほうに寄付されたそうです。新聞記事などでは250億円寄付とも書かれています。大きな発見のためのポイントは、いつもビニール袋を持っていることと。米国メルク社の社員がどこかに出張する時は「ビニール袋を持っていって、土を持ち帰ってこい」と常に要請されていたということです。そうやって土の資料を集めて研究を重ねていたのです。

●特許は自分の財産を守るもの

特許権について違う角度からお話しします。コクヨの「カドケシ」という消しゴムをご存じですか。じつは、こういう形の消しゴムは世界で初めてでした。通常の消しゴムの角が8個に対してこれは28個ですから、角が多くて消しやすいのです。

特許も取得していますが、このカドケシはコクヨの人が考えたものではありません。作者は神原秀夫さんというプロダクトデザイナーで、2002年の「コクヨデザインアワード」というコンペティションの佳作になったものでした。それを商品化したところ、いちばん売れるようになったのです。

今では世界で1千万個以上売れていて、MoMA（ニューヨーク近代美術館）にも収蔵されています。消しゴムの面同士が連結して切れないようにつなげているということで特許権の対象になり、変わったデザインになっているので意匠登録もできます。ですので、コクヨは特許権と意匠登録の両方を持っています。また「KADOKESHI　カドケシ」という名前でブランド商標登録も持っています。

世界中でたくさん売れている商品ですから、よその会社が真似して販売したとすると、皆さんが「これはコクヨの商品だ」と勘違いするので、不正競争防止法で取り締まりを受けます。

特許権を取得していると、皆さんのアイデアに対して違反したものには刑事罰や民事罰を与えることができます。真似できないようにして守ってあげるのです。これが知的財産権です。

また、皆さんが書いた文章や考えたプログラムは著作物として保護されます。知的財産権という制度の中で、皆さんのアイデアは保護されるのです。逆に言えば、考えなければ何も保護されないということになります。

●さまざまな特許の実例

特許の実例を見てみましょう。高知県名産のカツオのたたきは、ドラム缶に藁《わら》を入れて燃やし、金串を刺したカツオをまわしながら焼くのが定番でした。それでは効率が悪いと考えた高知県の会社が、ベルトコンベアーを2台用意しました。上のベルトコンベアーにカツオをのせ、下のベルトコンベアーには藁を置いて燃やしました。ベルトコンベアーの速度は変えることができます。そうするとムラなく焼けたのです。さらに、カツオは途中でひっくり返るので、全体が焼けて効率が良くなります。

ちょうど今のように講演を聞いた方との出会いがあって、この会社の特許申請をお手伝いしました。カツオのたたきのこのシステムで、年間45億円から50億円の販売があるということです。

ほかには、簡単なアイデアを登録する「実用新案」というものがあります。例えば、しゃもじの面に凹凸がついていてご飯がくっつかないものがありますね。実用新案は審査されずに登録されます。権利は10年間です。

デザインに関する「意匠権」というものもあります。例えば、点字ブロック（視覚障害者誘導用ブロック）。この権利は登録して20年間になります。

ブランドの場合は「商標権」です。私のところに相談にいらした方の中に、お茶のパーティーを主催していて、いろいろなおいしいお茶を出しているという人がいました。その方が出した高級なお茶をビール瓶に詰めて栓をして持ってきてくれたので、お茶碗に入れて飲んだわけです。飲んだ瞬間、香りがすごく良くて。しかもおいしいのです。「これではもったいない」と思い、お茶をワインボトルに移すと、色がきれいでした。

そこで私のほうから「このお茶をワインボトルに詰めて、帝国ホテルやホテルオークラに持っていきなさい」と伝えました。1カ月後、こんなふうに言われたと報告がありました。「アルコール類には高級なものがあるけれど、お茶飲料はペットボトルのものしかなかった。高級なお茶飲料を詰めたものはない。これは新しいジャンルだ。すぐにうちで使いますから持って来てください」と。

そこで「ROYAL BLUE TEA《ロイヤルブルーティー》」という名前にして販売したのですが、1本5千円から30万円ほどで販売されています。伊勢志摩サミットの時にも、このお茶が使われました。今、日本で一番いいお茶飲料になっています。会議の際にお茶をたてる時間はないので、このお茶飲料が使われるのです。このお茶を「ROYAL BLUE TEA」というブランドで保護しているのが「商標権」です。

●著作権は創作主義

次は皆さんにも関係する著作権についてですが、これは登録する必要がありません。168カ国（2015年1月現在）が加盟している「ベルヌ条約」という国際的な条約では、つくった時に権利が発生するという「創作主義」が前提になっています。例えば、皆さんが漫画を描いたとします。描き終えた時から168カ国でその漫画についての著作権が同時に発生します。そういう仕組みなのです。

ただし権利の期間は国によって異なります。日本が50年、アメリカが70年、国によっては30年というところもあります。「誰が著作権を持っているか」が分からないといけないので、著作権の表示をします。それがコピーライトです。Ⓒに自分の名前と日付、例えば2016年の5月という日付を添えて記載すると、「吉田芳春という人が2016年の5月につくった」と推認されます。これが著作権なのです。

ですから皆さんが何かを書いたり、撮ったり、つくったりした時には、自分の名前と年月を入れておくこと。これが著作権の表示です。

2 学生時代に発明することのメリットとは

●学生時代の発明が今後につながる

学生の発明についてお話をしましょう。誰もがご存じのソフトバンクの孫正義さん。この方はどうしてこのように成功したのでしょうか。2014年の総資産は約2兆2080億円で日本第1位であり、世界42位です。２０１５年は１４１億ドル、日本円で約1兆６９２０億円（当時の為替レート）というと日本第2位です。

孫さんは福岡県久留米市にある久留米大学附設高校を中退して渡米した後、カリフォルニア大学バークレー校の3年生に編入しました。「バークレーでいちばん勉強する。絶対に人に負けない。とにかく勉強する」と考えたそうです。そして余暇は発明にあてて、ノートにアイデアをつづりました。書き溜めたアイデアは２５０ぐらいになったそうです。

卒業後、日本に帰って独立を考えた孫さんは、資金調達のためにアイデアを売ることにします。「音声機能付き他言語翻訳機」のアイデアをシャープに提出したのです。その時の担当者が、佐々木正さん（シャープ元副社長）でした。佐々木さんの紹介で話がまとまり、孫さんは金融機関から1億円の融資を受けたのです。

学生時代のアイデアが後の成功につながりました。学生時代の発明で得たお金を軍資金にして事業を興し、孫さんの会社はどんどん業績を伸ばしていきました。アイデアは学生時代に築いた財産なのです。孫さんの名前で検索すると１４９件の特許や特許出願があります。「志を持て。それも出来るだけ高い志を。」「若いうちの苦労は買ってでもしろといいますが、無理難題を体験すればするほど底力がついてくる。」というのが孫さんの有名な言葉です。

もう一人を見てみましょう。皆さんとほぼ同じ年の人で、多摩美術大学３年生（講演当時）のハヤカワ五味さん（デザイナー名）です。この人は大学１年生の時に「株式会社ウツワ」を設立しました。胸が小さい人向けランジェリーブランド「ｆｅａｓｔ《フィースト》」や服飾ブランド「ＧＯＭＩ　ＨＡＹＡＫＡＷＡ」があって、商標登録を取っています。シンデレラバスト（シンデレラサイズ＝小さなサイズのバストカップにつけた愛称）というものを出していて、これは特許庁に登録になるまで継続中ですが、発売したものは即日完売、売り上げ的には月間３００万円以上だということです。まだ大学生ですよ、皆さんと同じ条件です。皆さんが困っていることや苦労することがあれば、それを解決すると商品になるということなのです。

外国でもいろいろな発明があります。例えば「ソーラーパネルをつけたビーチマット」。横についたポケットはクーラーで、飲み物を冷やすことができます。スマートフォンの充電もできます。レバノン人の大学生が発明したもので、２週間で60個を完売し、世界中から申し込みが殺到しているそうです。発明は難しいことからではなく、簡単なことから考えてみてください。

●学生の発明に対する有益な支援

次に、皆さんにとって有益な情報です。これを知っていると、就職の際に役立つものをご紹介します。「キャンパスベンチャーグランプリ」と言って、大学・大学院生・高校生・短大生・専門学校生など「学生による新しい事業提案」のコンテストです。何かをつくる必要はなくて「こういう事業をやりたい」という提案をすればいいのです。２０１６年度で18年目を迎えた日本国内最大の学生ビジネスコンテストです。セミナーでは起業した先輩からの説明があり、ビジネスプランの作成の仕方を教えてもらえます。

「キャンパスベンチャーグランプリ」は、テクノロジー部門とビジネス部門に分かれています。テクノロジー部門では、技術的な要素を背景としたいろいろな提案をします。例えば香川県の志度のあたりでは、カキの殻が無駄になっていると聞きました。無駄になっていることを解決するというのが、いちばん良いのです。カキの殻の処理方法について、アイデアを出すことができると思います。

文系の方であればビジネス部門ですね。例えば銀行に振り込みしたときに、名前が違うとします。「吉田国際特許事務所」という名前で振り込んできたり「弁理士吉田芳春」という名前で振り込んできたりしたとします。名前が違っても口座の番号は同じです。それを名寄せということで一つの枠でくくり、後でトータルして整理します。このようにすると、いちいち問い合わせしなくて済みます。この名寄せのビジネスモデルは特許が取られています。これを考えたのは三井住友銀行の方で、1年間で三井住友銀行に100億円以上のロイヤリティが入っているそうです。

「アイデアを提供するだけでいい」というこのコンテストに、どんどんチャレンジしてほしいです。いちばんのメリットは、政府・経済産業省から大企業・中小企業まで参加していることです。

アイデアを考えることでベンチャーマインドが蓄積されます。「キャンパスベンチャーグランプリ」に出品したというだけで、「意欲がある学生だ」と肯定的に評価されます。出品することは、まさに就職活動の公的なパスポートです。

参加している企業はすごくいい企業ばかりです。その企業に就職したいと思ったら、コンテストに出した作品をさらに進化させたレポートもつくってみると良いでしょう。「キャンパスベンチャーグランプリ」に出したものと改良したものの二つを提出することで、前向きな姿勢の証明書ともなります。仮にコンテストで表彰されたということになれば、日本中どの企業も注目します。企業に入らないでベンチャーを興すということであれば、国のいろいろな支援を受けられます。

●パテントやデザインにも支援が

パテント（特許、特許権）やデザインを考える場合に、お金をかけないでやる方法があります。これは特許庁が主催しているものです。

「こんなことをやるといい」というヒントや「こんな形のデザインにすると使いやすい」ということがある場合に「パテントコンテスト／デザインパテントコンテスト」に応募すると、発明やデザインをどういうふうに完成させればいいのか、弁理士が指導します。発明やデザインが完成すれば、それを特許庁に申請するのです。皆さんのように大学生なら応募資格があります。2015年度の応募数は大学で160件、採択されたのは12件でした。

2015年度に「パテントコンテスト」で入選した方は2人でした。特許庁の公報には、特許番号と特許権者の名前が載ります。この公報に載るというのがすごいことです。特許庁の公報は誰でも見ることができ、日本の大手企業も毎週のように見ています。翻訳されて、外国の人でも見られるようになっています。就活時には履歴書とともに、この特許庁の公報を出してください。これだけでもうＯＫ。私の事務所でもこういう人を採用したことがあります。その人は弁理士の試験に受かって、いまでは弁理士として活動しています。どこの企業でもこのような能力がある人を採用したいのです。「能力がある」就活生がほしいのです。企業の側からすると当然のことだと思います。

このコンテストでは、弁理士の費用などは特許庁が全額負担します。さらに日本弁理士会では、学生がアイデアを出してきたときに「それがいい」となれば、弁理士の費用は弁理士会が払います。私も役員の時に申請のお手伝いをして、１件は商品化されました。このような制度を使って、いい発明であれば手続きを取れるようにします。

●大学での取り組みについて

群馬県の共愛学園前橋国際大学では、大学の中にプロジェクト室をつくり、バーチャルの会社をつくっています。あの周辺にはお蚕さんがたくさんあるので、会社の名前は「繭《まゆ》美蚕《みさん》」と言います。社長の任期は大学3年生の1年間だけで、いまの社長は10代目（講演当時）です。ここでは群馬県の地域活性化を目的とし、商品の開発・販売をしています。企業理念は「1．皆様に喜びと笑顔をお届けする商品作りを目指します　2．常にチャレンジ精神を持ち、何事にも妥協せず活動します　3．群馬の魅力をＰＲし、地域活性化に貢献します」です。群馬県の文字を徳島県や香川県に置き換えれば、この徳島文理大学でもできますよね。

開発に取り組む産学連携授業のおもな内容は、群馬県名産の絹・絹織物の商品化です。まず、門倉メリヤス株式会社と連携してレッグウォーマーを販売しました。それから、株式会社旅がらす本舗清月堂と連携していろいろなお菓子をつくりました。さらに群馬県内の川場村《かわばむら》ともお菓子をつくり、道の駅「田園プラザかわば」で販売しています。ここは日本トップクラスの集客数で、年間１８０～１９０万人が来る所です。

バーチャルの会社とはいえ、実際の企業と打ち合わせをして実習をするのです。ですから将来的に起業することもできるし、就職して商品開発の部署に配属されても戸惑わずにやっていけると思います。

北海道の北見工業大学にも「おにおんリング」というバーチャル企業があって、道北の地域活性化を目的としています。地元貢献として高齢者へのパソコン教室、小学生の理科教育もしています。また、地域特産物の商品化・六次産業の提案支援ということで、町のいろいろな企業と連携しています。さらに「タマネギ情報局」「ホタテ情報局」というものをつくっています。この町のタマネギの生産量は、全国シェアの25％なのです。タマネギのいちばん上の赤い皮をきれいに洗って煎じると、高血圧に効果的と言われていて、そういったパテントも出しています。ホタテのほうでは、日本の20％程のシェアを取っています。外国への輸出もしていますので、ホタテの貝毒が出ないような情報の提供などを行っています。いまから起業のため、社会に出たときに役立つ勉強のためにやっているのです。

今お話をしたようなことは、徳島文理大学でもできると思います。こちらの大学にはさまざまな学科があるので、学科ごとにプロジェクトをつくってもいいと思います。

3 弘法大師や香川の偉人から学ぶ発明のヒント

●香川県の発明家たち

香川県にも地域の知財に貢献した人がいます。蘭学者でエレキテルを発明した平賀源内《ひらがげんない》は、さぬき市志度生まれです。

大正製薬創業者の石井絹治郎さんも香川県出身です。大正製薬では特許が2823件出されています。それから、マブチモーター創業者の馬渕健一《まぶちけんいち》さんは高松市生まれです。マブチモーターは特許を1371件出しています。日本ハム創業者の大社義規《おおこそよしのり》さんはさぬき市生まれで、特許は243件です。

●弘法大師が生んだ発明を知る

古いところでは、弘法大師がいます。774年に多度郡屏風浦《びょうぶがうら》（いまの善通寺市）で生誕され、804年に留学僧として唐（中国）に渡りました。普通は10年間かかるところを2年間で全部マスターして帰ってきています。功績として密教の経典を持ってきたことがあげられます。そして、青銅鋳造法の技術も持ち帰っていて、この時の会社は1千年続いています。

また、弘法大師は地方創生をやっています。満濃池の修繕、四国各地の霊場で修行、温泉の発見。ほかにも弘法大師に関連するものはたくさんあります。お灸、讃岐うどん、手こね寿司、九条葱、それからダウジング。ダウジングというのは、地中の水脈などを発見する技術です。ダウジングに関する特許のお手伝いはずいぶんやりました。おもに外国での仕事で、アラブの砂漠の中から水脈を探すというものです。一つ発見すると100億円単位の事業になります。

●弘法大師の技術を受け継ぐ会社

「技術」と「文化」の二つの面から、弘法大師のなされたことをトレースしてみます。技術的な面では、青銅鋳造法の技術を中国から持ってきたこと。それを受け継いで高度な技術を会得した優れた職人たちにより発足したのが鋳造技術者集団「傳來《でんらい》」です。最高の技術を持つ弟子によって「傳來」の銘が受け継がれ、1千年続く会社「傳來工房」になりました。

この会社では従業員の引き出しの中は全部整理されています。各自の利き手や使う文房具のサイズに合わせてくりぬいた発泡シートが引き出しに入っていて、必要なものだけを整理して置いているのです。

定位・定品・定量＝無駄なものは省いて、本当に必要なものだけを、いつも決まった位置に置く。3定運動で徹底的に環境整備をしているのです。

さらに驚くのは、トイレがきれいだということです。これには理由があります。かつてこの会社は赤字になりかけたことがありました。その時に社長は「まず環境をきれいにして、いい商品をつくりたい」と考えたのです。「いい商品をつくるためには、体も心もきれいにならなければダメだ」と、自らトイレ掃除をはじめました。男性用小便器の脇も、女性用トイレの中にも手を突っ込んで全部きれいに洗いました。半年それを続けたら、取締役の人が手伝いに来たそうです。1年続けたら、従業員みんなが手伝うようになりました。そこから会社が再スタートできたとおっしゃっていました。

ここまで徹底している会社は、どういう商品をつくっているのでしょうか。例えば、皇居にある二重橋の柵を表面が腐食したような形で製造できます。これは、この会社の特有の技術です。赤坂の迎賓館の照明灯もアルミで錆《さ》びたようにつくる技術を持っているのです。

古いものだけではなく新しいものもつくっています。大阪の海浜緑地公園駅の天井はアルミ鋳造製で、ワイヤーアクションによって斬新なデザインにしています。それから、南欧風の「ディーズガーデン」というエクステリアの新しいライフスタイルを提案して、これも売れています。このように弘法大師由来の技術をブラッシュアップして現代的に発展させているからこそ、生き続けているということが言えます。

●弘法大師にいちばん近い県で学ぶ地方創生

香川県は日本でいちばん弘法大師に近い所です。ここでお生まれになったのですからね。そこで、地域への思い入れがあった弘法大師から、地方創生について学ぶことがあるのではないかと思うわけです。

徳島文理大学の文化財学科で弘法大師の足跡を体験学習し、ブラッシュアップしていけば、地域・食・文化・習慣の全分野について考えられると思います。特に「讃岐うどん」です。もはや讃岐うどんは香川県のものだけではありません。「うどん」といえば、東京でも「讃岐うどん」がいちばん多くなっています。そうは言っても、東京の讃岐うどんと香川県の讃岐うどんは味がまったく違います。

海外、東南アジアでも讃岐うどんの店があります。これからもっと広く海外に持っていく会社が出てくるはずです。それに加えて、弘法大師が漁師の栄養食として教えたと伝えられている「手こね寿司」も、商品として世界に持っていけるのではないか。そういった発想があっても良いと思います。

●香川における弘法大師の足跡

弘法大師の足跡をもう少しトレースしてみましょう。満濃池（香川県にある日本最大の灌漑《かんがい》用のため池）についてです。アーチ型の堤防は弘法大師が指導したもので、当時最新の工法を駆使しています。特許庁のデータベースで調べてみると「ため池、溜め池」関連では特許出願が224件ありました。「ため池、溜め池」×「楕円、半円、アーチ」だと10件ぐらいあります。1千年以上も昔、これほどの技術を弘法大師は取り入れていたのです。

この満濃池も体験学習として使えるのではないかと思います。満濃池があることによって雨を溜めることができ、農業用水などに使うことができます。

これから皆さんがかかわるとすれば、雨が降り過ぎたときや災害時の対策について考えていくといいと思います。また、ため池の放水も一つのツーリズムになると思います。こういうことを皆さんが考えてベンチャーを設立してもいいと思うわけです。ため池工事の芝居やオペラだってできるかもしれません。昔の人がやったことを体験すれば、満濃池に対する思いが違ってくるでしょう。

特に徳島文理大学でやってほしいのは学術面です。弘法大師に関する論文、弘法大師がなされたことを動画で撮る、というようなコンテストをやってもいいと思います。ため池の管理や自然循環を含めて、この地域が弘法大師によってどんな恩恵を受けてきたのかということを調べると、論文になるのではないかと思います。

●四国八十八ヶ所霊場という財産を活かすには

皆さんには、もうちょっと「古き」を知ってほしいと思います。四国八十八ヶ所霊場とキリスト教の巡礼について、私なりに比べてみることにしましょう。

キリスト教の有名な巡礼地は世界に三つ「サンティアゴ・デ・コンポステーラ」「エルサレム旧市街」「バチカン市国」です。サンティアゴ・デ・コンポステーラの巡礼路は、フランスからスペイン北西部の都市「サンティアゴ・デ・コンポステーラ」まで続きます。サンティアゴ・デ・コンポステーラのカテドラル（大聖堂）には、聖ヤコブさん（キリストの弟子の一人）が祀《まつ》られています。巡礼者の数を調べると2005年で大体9万人、2015年で大体26万人で、10年間で3倍近くになっていました。巡礼者は教会・観光案内所などで名前を登録して巡礼手帳を購入し、この手帳を見せるといろいろな所で宿泊無料になるのです。これがあると、帰りの飛行機や列車の運賃を割り引いてもらえます。面白いのは、巡礼路を歩いて100キロ、自転車で200キロ走ると「巡礼証明書」を出してくれることです。

四国八十八ヶ所霊場の場合は「同行《どうぎょう》二人《ににん》」ということで、弘法大師と一緒に巡礼しているという気持ちで回ります。それぞれの札所で記帳するものの、四国八十八ヶ所霊場全体で何人来ているか、はっきり把握できていないそうです。宿坊では食事（ほぼ有料）が提供されます。帰りの運賃が割り引かれるという制度はありません。

●自分たちができることを考える

サンティアゴ・デ・コンポステーラは世界遺産、四国遍路は日本遺産です。このように見ていくと、「四国遍路のために、もうちょっと何かできるかもしれない」という気がします。大学生の皆さんは、これからいろいろな勉強をすると思います。その時に四国、特に香川県に貢献した弘法大師に関係する何かができるのではないかと、ぜひ考えていただきたいです。

四国遍路が世界遺産に登録されるために、地域の盛り上がりが必要なのです。巡拝した人の数を把握することは、やはり必要だと思います。数そのものも当然増やしていかなければならないので、環境整備や安全の確保が大切です。そして、我々の内的な知識を高めることも必要です。先人を敬って足跡をトレースし、我々が誇りを持って知識や技術をレベルアップしていくことが、世界遺産登録のために必要な第一歩だと思っております。

最後は弘法大師の足跡をトレースしながら具体例をお話ししました。このように、どういうことを企画して、またはどういうことを自分たちがやっていくと、自分たちのため、世の中のためになるのかということを考えていただきたいと思います。

2 鼎談

さまざまな知財についてより深く考える

吉田芳春
吉田国際特許事務所 所長・弁理士

多田哲生
徳島文理大学理工学部長

桐野 豊
徳島文理大学・徳島文理大学短期大学部 学長

●どうして弁理士を選んだのか

多田 吉田先生はなぜ弁理士になろうと思われたのか、動機やきっかけを教えてください。

吉田 私の実家は北海道の大きな農家です。うちにはデンプン工場がありまして、ジャガイモの流れ方をチェックして、ジャガイモの量と水量を調整しなくてはいけない。それを小学3年生か4年生頃からやらされていたものですから「うちの仕事は絶対したくない」「外に出て何か資格を取りたい」と、東京に出ました。最初に考えたのは税理士。でも人の使った金を計算するのは嫌だなと。次に弁護士。でも離婚訴訟や相続の争いの中で立ち回るのは嫌だなと。医者になるには金がないと。たまたま先生が「吉田君、弁理士はこれからの仕事だぞ」とおっしゃって、早速受験しました。

吉田芳春氏

●実際に学生のアイデアを形にするには

多田　「地方創生」「若い学生のアイデアを形にする」というお話がありましたが、学生は特許や権利と聞いても、これまではピンとこなかったと思います。今日お聞きしたコンテストなどの例で、身近で困ったことを何かの形にすると良いということが分かりました。

相手が国や特許庁だと、若い学生には関係のない世界かと思っていたのです。今日のお話で、お金の支援・文章を書く支援をやっていただけると知りました。具体的にスタートさせるために、学生がどう踏み込んでいくか。その支援を本学がするとしたら、どうすればよいかご教授ください。

吉田　そういう意識を持った教授のもとで、学内での勉強会を開きます。その場では「こんなアイデアでこんな失敗をした」「こんなアイデアで儲けた」という話をします。出し合った意見を私がチェックして、すでに同じものがあったとしても、その学生のアイデアは特許になる考えだということやレベルが分かります。そういうときは「今度一番になればいい」「あなたの出した意見にプラスアルファすると、世の中にとっていい考えになる」と学生に伝えます。基本のパテントより改良のパテントのほうが使いやすいし、世の中の役に立ちます。基本の特許をすぐに事業化するのは難しくて、改良したほうがもっと売れるのです。

多田哲生氏

例えば眼鏡は、昔は折り畳めませんでした。ツルの根元部分にヒンジをつけて折れるようにしたからこの形になったのです。もっと小さくしたいなら、真ん中にもヒンジをつけます。そうすると長さが半分になるわけです。折れなかった眼鏡をどんどん改良していったらこうなった、そういうアイデアだとすぐにできます。イタリアでは、折らずにひねります。ツルを眼鏡の脇にくっつけて平らにするの

桐野 豊

です。ちょっと幅が広いですが、厚みが出ないから胸ポケットにスマートに入ります。「そういう考えもあるんだ」と思いますね。

難しいことは何もありません。基本的なことを分かっていればいいのです。例えば昔のペンはツルッと滑るので、持つ部分に輪ゴムを巻きました。いまは輪ゴムを巻かなくても滑らないようにゴムや溝がついています。こういう改良でいいのです。

大学時代の友人の話をしましょう。象印ジャーポット（象印マホービン）をご存じですよね。その当時は、お湯を注ぐときに本体を傾けなければいけなかったので重くて大変でした。そこで何を考えたか。ジャーの中に筒状の空間があるので、そこに風船を入れて空気で膨らますと、中が押されてお湯が出るだろうと考えたのです。

そのアイデアを象印に持っていったら「おお、それはすごい」と、そのアイデアを100万円で買ってくれました。こうして、ジャーポットの上を押せばお湯が出るようになりました。当時は100万円あれば4年間大学に通えました。ちょっとしたアイデアがそういう額になるのです。

●キャッチコピーはどんな知財?

桐野 会場から質問が届いています。「キャッチコピーも知財になるのでしょうか」

吉田 まずブランドとして登録できるかという問題と、キャッチコピー自体が著作権の対象になるかということですね。皆さんの考えたキャッチコピーは、考えた時点で著作権が発生します。「俺が先だ、いいやお前が後だ」という話にならないように、先ほどの講演でも触れたコピーライト(Ⓒに名前と創作日を併記)を入れて証明することが大切です。例えば、ホームページやSNSに「こんなコピーを考えた」「これは私に著作権があるよ」と書いておく。それが証明になるのです。

●いちばん印象的な発明

桐野 次にちょっと素朴な質問です。「先生がこれまで扱ってこられた発明の中で、最も印象に残っているのはどんなものですか」

吉田　やりとりで非常に苦労した案件がありました。プラスチックを溶融して金型に吹き込んで形にする「射出成形《しゃしゅつせいけい》」の特許です。スピードを上げると金型の中に空気が入り、それが邪魔になって形がきっちり出ないのです。だから中を高真空にして秒速で打つという世界初の技術で特許を取りたいという話でした。社長の家に正月3日間泊まり込んでその技術をいろいろと教わり、文書を書き直して出すと通りました。

後日その特許に対して、日本の超一流の会社からライセンスの話がきました。通常実施権の契約をすることになったのですが、向こうには3人の担当者がついていました。私が一つ出すと3人でいろいろな文書を持ってきます。その都度反応しなければいけなくて、ほとんど寝ずにやりました。ちなみにライセンス料は7千万円でした。仕事で寝られなかった、正月に社長の家に泊まり込んだ。そういうことが記憶に残っています。

●持ち寄ったアイデアの出先を示す

桐野　いろいろなアイデアを仲間で出し合う会合みたいなものをやると、いいアイデアが出てくるようになるというお話がありました。それが大学のサークルとか、あるいはそれを支援したいという教員とか、そういう話し合いだと良いと思います。一方で、大学と企業、あるいは地域の人が集まってアイデアを出すような会合もあると思います。その場合、構成員の間でもともと競争があると、本当の考えが出しづらくなります。話し合いでうまくいく環境と、一人でやったほうがいい環境の二通りが考えられるのではないかと思うのです。複数で協力してやることのメリットとデメリットについて、どのようにお考えでしょうか。

吉田　アイデアは、過去の経験と頭脳の分析力から出てきます。ですから経験したこと以外はあまり出てこないものです。自分とは違う生活環境で育ってきた人と一緒に話をすることで、違う考えが生まれてきます。だから複数でやったほうが本当はいいと思います。ただ「私がしゃべった」「いや私が案を出した」と争いになる可能性も十分あるでしょう。そうなりそうな場合、昔は話す内容を事前に郵送しておいたのです。郵便が届く日付で証明するというわけです。今はインターネットがありますから、例えばお母さんや本当に信頼できる人にアイデアを送っておけばよいのです。人前で話す前に「この内容は自分が先に保持していたアイデアです」と立証するのです。その上で発表すると、後でトラブルになったとしても証明ができます。いまのスマートフォンの技術を利用して客観的な証明ができますので、それを活用してください。

●薬学部でも知財は役に立つ？

桐野　薬学部の学生からの質問です。「薬学部の学生でも知財を持っていると就職に有利になるでしょうか」。私も専門が薬学なのであらかじめ申し上げますと、例えば製薬企業は新しい薬を生み出すわけですから、新しいことにチャレンジしている学生さんを採用したいと思うのです。ですが、町の薬局で経営者自身に新しいことをやろうという考えがなければ、学生の知財は大きな力にはならないかもしれません。吉田先生、いかがでしょうか。

吉田　学長がおっしゃったように、薬剤師になるのであれば、通常の勉強を広く深くするべきだと思います。ですが、薬品メーカーに就職しようとしたら、例えば生薬の新しい用途を自分で研究しているというようなことは、大きな力になります。

先ほど学長からお聞きしたのですが、志度はカキの養殖が盛んだけれど、貝殻が臭くて利用しづらいそうですね。臭いという要素が何かを探し出すと、それが防臭や防虫などに使えるかもしれません。

「困っていること」が全部発明につながります。「困っていること」を解決するのが薬学部の新しいチャレンジだと思います。

桐野 私から補足させていただくと、新しいことに取り組むという姿勢は薬剤師にとってとても必要なものです。治療の現場で病気にかかっている患者さんを薬で治す際には、いろいろな問題があるわけです。端的に言うと薬の副作用で亡くなる方は世界中にたくさんいます。現場の薬剤師は、普通の使い方をすれば薬害が出てしまうような場合でも、どういう工夫をすればよいのか考えるべきです。吉田先生がおっしゃったように、問題があれば何かを考えなくてはいけないのです。これまでの方法でやってもうまくいかない問題は、病院にも薬局にもありますし、どんな世界にもあるわけです。ですから解決していこうと考える能力を示すものとして、知財を持っていることは一般的には有利だと思います。薬学部の学生もそういう考えでやっていくことが大事だろうと思います。

●中小企業がパテントを取るためには

多田　中小企業が特許を出すときの費用についてお聞きします。特許を公開して公報に載ると、それを見た全世界の人にもっといいものを出されるということはないのでしょうか。あるいは海外のほうで先に商品化されてしまうことはないのでしょうか。資金力が十分でない組織体でどのように対応をされているのかについて、お聞きしたいと思います。

吉田　中小企業の場合は、パテントを出した時点で商品化の時期を明確にしておくことです。申請後1年半で内容が公開されますから、パテントを出してから1年ぐらいの間で商品を出せるタイミングで申請します。このようにすると、パテントが公開される少し前に商品を出せますから、実際にパテントが公開されると皆さんに買ってもらえます。

公開された後に商品を出すと、力のある大手に負けます。だから自社の製造能力・販売能力を踏まえて、はっきりと目途がついた時点でパテントを申請するのが基本です。中小企業の場合、特許庁の費用は産業競争力強化法で3分の1になります。

●大学の開発技術は誰のもの？

多田　大学が開発したもの、特許で収入を得ることについてお聞きします。大学は国立・私立にかかわらず公の機関です。そういうところが得る収益は国益なのか、大学個人のものなのか、先生個人のものなのか。公の機関は少なからず国民の税金で運営している組織なので、利益は国民あるいは国に返すべきであって、パテントで収入を得るよりも違う形で収入を得るほうが筋ではないかという職員がいます。これについてはどうお考えですか。

吉田　その意見は間違っています。開発した技術の発表をパテント以外でやるなら、公開された途端にそれは共有技術になり、誰もが自由にできるようになるのです。それでは開発の努力を含め、いろいろなものが全部は回収できません。公立であろうと私立であろうと、まず大学でパテントを取っていいのです。

学生に還元してあげるとか、社会に還元してあげるとか、使い方に留意すればいい話であってパテントは申請するべきです。

桐野　儲かったら困るということはないと思います。例えばノーベル生理学・医学賞を受賞した大村智先生（学校法人北里研究所顧問・北里大学特別栄誉教授）は、北里の研究所、国立ではないけれども当然国の補助金も入っている研究所で、特許を取って大きくやり遂げています。それによって北里研究所自体が運営されて、北里大学も経営しているわけです。ですから北里大学が世の中のためになっていれば、それは先生の特許に由来するわけです。さらに大村先生は個人的に得た利益で故郷に美術館を建てるなど、公のために尽くしています。大村先生が特許を取って稼いだことが悪いとは誰も思わないですね。だから、それは、ちょっと心配のし過ぎというか杞憂じゃないかなというふうに思います。

第3講座

戦後71年と日本国憲法

改正を議論する前に知っておきたい「日本国憲法」の基礎知識

橋本基弘

中央大学副学長　法学部 教授

1

時代とともに生きる憲法

●いま、民主主義や自由は脅威にさらされている

戦後71年が経過しました。その間、日本社会の在り方は大きく変動したように思います。戦後の復興、高度経済成長、バブル、そして失われた10年、20年…。その間、少子高齢化は進み、人口の構造にもひずみが見られるようになりました。

一度は解決した貧困という問題が、また日本社会に重くのしかかっています。格差は埋まらず、社会保障費は膨らむ一方です。シルバーデモクラシーという言葉がありますが、若い人たちは、前の世代が残した遺産などなく、負債を背負って生きていくことを強いられています。

そんな中で、民主主義や自由に対しても大きな揺さぶりがかけられているようです。ヨーロッパでは、テロが横行し、イスラム国の存在が国家の在り方を揺さぶっています。難民をどうするのか、異なる宗教との共存は可能なのか。いったんは一つのヨーロッパという

理想を実現したかに見えたＥＵも英国が脱退する中、崩壊の危機に瀕しています。

●アメリカの不満、中国の思想なき国家資本主義の暴走

アメリカも同様です。既存の二大政党に対する不満が大統領選挙を複雑にしています。トランプという異端の政治家を求める気持ちは、ひょっとしたら、これから先日本にも現れるかもしれません。強いリーダーを求める民衆の気持ちがファシズムを生んだ歴史も忘れてはならないでしょう。

橋本基弘氏

中国も同じです。思想の自由なき国家資本主義は、これからアメリカと覇権を争うべく、海洋進出を果たすでしょう。中華思想が再度顔を出します。

そんな中、わが国の安全保障をどう考えるべきなのでしょう。アメリカとの同盟を強化すべきか、他の道を選ぶべきか、仮にトランプが大統領になったとしたら、戦後初めて、私たちは、安全保障の在り方について決断すること

が必要になってくると思います。

【編注】この講演は２０１６年６月２日に行われたものです。２０１７年１月に、ドナルド・トランプ氏がアメリカ合衆国第45代大統領に就任しました。

●憲法は、社会状況や国際状況の中で解釈が変化する

憲法も生き物ですから、その時々の社会状況や国際状況の中で条文の在り方や解釈を考えていく必要があります。条文を読んだら答えが出るというものではありません。解釈という作業が必要です。

しかし、どんな解釈でも許されるというものでもありません。理屈が通っている、結論が妥当である、ちゃんとした手続きを踏んでいるなど、解釈には限界というものがあります。もし、憲法にしたがって仕事をしなければならない人たちが自分に都合の良いように解釈を変えたとしたら、憲法を定めている意味はありません。このことについては後で触れたいと考えています。

　そこでまず、憲法とはどんなルールなのかを理解してもらうことを目標にしましょう。登場する言葉は「立憲主義」です。昨年来、この言葉が登場しなかった日はないくらいおなじみの言葉になりました。では、立憲主義とは何なのでしょうか。それが憲法とどうかかわっているのでしょうか。できるだけ日常の言葉で説明をしたいと思います。

2 憲法とはどんなルールなのか

●世論調査から知る改憲の賛否

　まず日本国憲法に関する最近の世論調査を見てみましょう。

　憲法記念日が近づくと、新聞やテレビは、各社独自の世論調査を公にします。新聞社には考え方の偏りがあるので、必ず複数の世論調査を見るといいと思います。私が参考にしたのは、朝日新聞と日本経済新聞社の世論調査です。

まず朝日新聞の世論調査によりますと、憲法の改正は不要だと考えている人が55％に達しています。とりわけ日本国憲法第9条の改正に反対の人は7割近くに達していると書かれています。

このことを日本経済新聞社の世論調査で確かめてみましょう。日経は、改正すべきではないという人の割合を5割台と表現しています。そうすると、大体過半数の人が憲法改正に反対だという結論になると言えるでしょう。

またNHK放送文化研究所の世論調査では、改正反対が30・5％、賛成が27・3％となっていますが、どちらとも言えない、つまり積極的に改正することには賛成しない人が38・1％となっていますので、賛成意見が少数ということが分かります。とくに日本国憲法第9条について聞いた調査では、40％の人が改正に反対しているとの結果になっているようです。

これらの意見は、憲法を改正するかどうか、あるいは憲法をどう解釈すれば良いのかに深い影響を与えます。国民の意見を無視した憲法解釈は「無理な憲法解釈」と考えられているのです。

●憲法とは国家と国民との契約

では一体、憲法とはどんなルールなのでしょうか。憲法がどんなルールなのかを説明するとき、私たち憲法学者は、大きな嘘を前提にします。それは、国家は私たちがつくり出したものであり、国家をつくり出すときに交わした契約が憲法だという嘘です。

●国家というフィクション

嘘も方便と言いますが、嘘が意味を持つときもあります。嘘というと言い過ぎですが、いわばフィクションです。そこで、どんな説明をするかというと、もし国家がなかったらどうなのかを考えるのです。

さて、国家がなかったらどんな社会になるでしょうか。これは、国家がない状態で人間はどう振る舞うかという思考実験でもあります。答えは二つに分かれます。一つは、それでも人間は他人と協調して平和に暮らすだろうという答えです。性善説と言ってもよいでしょう。もう一つは、殺戮や略奪に走るに違いないという答え、性悪説です。皆さんはどちらに賛成しますか。

この問いに対して、憲法学者たちは、だいたい性悪説に立ちます。本当にそう思っているかどうかというより、そのほうがいろいろ説明しやすいからです。わがままな人間同士が一緒に生きるとトラブルが絶えない、そのトラブルを解決する仕組みこそが国家であり、私たちは、そのトラブルを解決するために契約して国家をつくり出したのだというのです。皆さんもよく知っているジャン＝ジャック・ルソーやトマス・ホッブズ、ジョン・ロックもニュアンスこそ違いますが、同じように考えるのです。そして、国家をつくり出すときに皆で交わした契約を社会契約と呼びます。単純に言えば、これが憲法です。

日本国憲法の前文には「そもそも国政は、国民の厳粛な信託によるものであつて、その権威は国民に由来し、その権力は国民の代表者がこれを行使し、その福利は国民がこれを享受する」と書かれています。これは、日本国憲法が社会契約によってつくられたのだというフィクションを前提にしていることを表しています。

●国家は強大な力を持った怪物

さて、つくり出した国家はどんな国家でしょう。トラブルを解決するには二つの要素が必要です。一つは、トラブルを前にして、何が正しいか、正義なのかを判断する要素です。もう一つは、正しいと判断したことを実行する要素です。皆さんよくご存じの正義の女神像を思い出してください。左手に天秤を右手に剣を持っています。これがシンボルです。

国家は、やがてトラブルを未然に防ぐ仕事（警察作用）や外敵から自国民を守る仕事（国防）、治水などの事業を行うようになりました。これらの仕事をするには資金が必要です。資金は、国家の構成員である国民から徴収します。税金です。

ちょっと考えてみてください。こんな力を持った組織は私たちにとっては脅威です。強大な力を持った怪物になぞらえて、イギリスの哲学者ホッブズは国家を「リヴァイアサン」と呼びました。私たちのためにつくり出した国家が、やがて私たちの生活を脅かすようになる。そうなると困るので、国家を縛り付けておく必要があります。なので、国家をつくるとき、国家がしていいことといけないことをあらかじめ決めて、守らせる必要があります。それが憲法であって、立憲主義の考え方です。

●みんなのことをみんなで決めるのが民主主義、自分のことを自分で決めるのが自由主義

では、国家をルールに縛り付けておくためには、何を決めておく必要があるのでしょうか。およそ、組織や仕組みにかかわるルールの目的は一つです。それは、「誰が何をどのように決めていいのか」ということです。この点で、憲法も会社法も地方自治法も皆さんが参加しているサークルも同じです。そのとき、もっとも大きな基準となるのが、みんなのことと自分一人のことという区別です。公私の区別といってよいでしょう。

みんなのことはみんなで決める、でも自分一人のことは自分で決める。これが大原則です。みんなのことを一人で決めると私たちの隣国のような状況となり、独裁国家が登場します。自分のことをみんなで決められると余計なお世話です。

ここで、二つの大原則がはっきりします。みんなのことはみんなで、自分のことは自分で決めるのです。前者を民主主義の原則、後者を自由主義の原則と言ってもいいでしょう。

●民主主義には二つのレベルがある

ところで、みんなのことはみんなで決めると言いましたが、どんなことでもみんなにかかわることならみんなで決めてよいのでしょうか。

じつは、民主主義には二つのレベルがあります。第一のレベルは、誰が何をどのように決めることができるのかというレベルです。これは国家の枠組そのものと言えます。憲法にかかわるレベルです。第二に、その枠組みの中で何をどのように決めるのかが問題となります。例えば、法律案について、衆議院と参議院で異なった議決をしたときは、衆議院で3分の2以上の多数によって再議決をすると法律となるという具合です。

第一のレベルは、憲法を定めた人にしか手を加えることができません。憲法改正の手続きです。国家のあり方そのものにかかわる事柄は、通常の多数決では決められないのです。この「決めてはいけないことを決めておく」約束をコミットメントと言います。何でも多数決で決めていいわけではないということです。

●憲法改正が許されないもの

また、この点で、憲法改正権を持つ私たち国民にも手を触れてはいけないことがあります。例えば、基本的人権を否定するような憲法改正は許されるでしょうか。主権者を天皇にする王政復古の憲法改正は許されるでしょうか。国際紛争を解決する手段として軍隊を持てるような憲法改正は許されるでしょうか。これらは、憲法改正によっても変えることができないのだと理解されています。憲法改正でも改正できないことがあるのです。これもまたコミットメントの一つです。このコミットメントを大事にする考え方を立憲主義と言います。立憲主義は、民主主義をも制限します。

●立憲主義が民主主義の暴走を阻止する

そうすると、こういうように言うことができるでしょう。立憲主義は、民主主義の暴走を食い止めるため、人々が考え出した仕組みなのです。立憲主義は、独裁者の暴走も国民の暴走も食い止めようとします。

このことから、憲法改正が難しいことが理解できます。日本国憲法第98条は、通常の多数決では憲法改正ができないような仕組みを定めています。通常の多数決で改正できないような憲法のことを「硬性憲法」と言います。

憲法は、多数決で何でも決めてよいということを否定します。独裁も、多数決による暴走も否定するのです。これが立憲主義です。民主主義が万能ではないのだということを胸に刻んでおいてください。

3 憲法が守られてきた理由

●憲法が守られてきた理由を考える

さて、皆さん、憲法は、なぜ憲法なのでしょうか?

少々、おかしな問いかけですよね。そんなこと、当たり前でしょうと思う人も多いでしょう。しかし、当たり前に思うことほど、じつは問題なのです。

先ほど、憲法は、国家を縛り付けておくために私たちが定めたルールだと言いました。そのことが、日本国憲法では第99条に定められています。公務員（※）の人々は、日本国憲法を擁護する義務を負っています。

では、これらの人が憲法を守らないとどうなるのでしょうか。残念なことに、憲法擁護義務に違反しても制裁規定がありません。破りたい放題もあり得ることです。しかし、日本国憲法は、施行から69年が経過しましたが、破られた経験が少ないのです。

なぜ、歴代の政府は、憲法を守ってきたのでしょうか。罰則規定も置かれていない憲法が守られてきた理由は何でしょうか。

（※）ここでいう「公務員」とは、一般職も特別職も含みます。天皇、内閣総理大臣はここに含まれます。

●アメリカが銃規制しない理由

このことを説明するために、私はよくアメリカ合衆国憲法修正第2条を引き合いに出すことがあります。アメリカの憲法はじつは非常に特殊な憲法であり、世界的に見ると例外です。その例外のいちばん大きなものは何かというと、銃を持つ権利が憲法上保障されているということです。なかなかそんな憲法はありません。

これを保障しているのはアメリカの憲法修正第2条という憲法条項です。こういう非常に短い文章になります。

「規律ある民兵は、国の安全にとって必要であるから、人民が武器を保有する権利は侵害してはならない」

この条文があるために、アメリカでは悲惨な銃の事件が絶えません。でも、アメリカは、本気で銃規制をしようとはしないのです。事実、アメリカ人がこの条項を改正しようと思ったことは一度もない。なぜか。それは、この条文が何のためにあるのかを理由としています。

人民が武器を持って闘う相手は誰だと思いますか？　それは、連邦政府なのです。強大な力を持つ連邦政府が、人民を裏切るとき、人民は銃を持って闘う権利があるというのです。このような考え方を「抵抗権」と言います。

●日本政府に憲法を守らせてきた「国民の力」

もちろん、日本国憲法には、このような条文は置かれていません。

でも、日本国憲法第97条には「この憲法が日本国民に保障する基本的人権は、人類の多年にわたる自由獲得の努力の成果であって、侵すことのできない永久の権利として国民に信託されたものである」と書いています。努力の成果なのです。自由獲得の戦いの結果なのです。

もし、政府が私たちの人格を踏みにじり、憲法を破るとき、私たちがそれを食い止めるのです。黙って見ていては、憲法は守られません。歴代の政府が憲法を守ってきた背景には、憲法を守らせる国民の力が働いていたというしかありません。このような目で、冒頭に紹介した世論調査の結果をもう一度考えてみてください。

最近は世論調査の精度が非常に高くなっていますから、複数の世論調査を見ると、憲法に対する国民の思いの傾向が分かります。

こういう数字が出たときに政府はその数字を信じて何かをするということは難しいかもしれません。しかし、世論調査の結果は、歴代の政府が憲法を守ってきた一つの大きな理由だろうと言ってもいいと思います。

●努力を続けない限り、どうなるか分からない

政府に憲法を守らせる力は、私たち自身にあります。決めてはいけないことを決めたり、あるいは本来やってはいけないことを政府がやり始めると、それはダメだと私たちが声を上げない限り、行われていくわけです。

だから、憲法を憲法にしていく力はじつは国民にしかない。そんな形でじつは戦後70年、日本国憲法が大きく破られることなく続いてきています。

憲法は自ら憲法で基本的人権を守る努力をするよう国民に求めています。つまりこれから努力をしない限りどうなるか分からないということもじつは書かれている。もちろん、黙っているという権利、自由を守る権利もありますが、憲法を守り守らせる力というのは、

皆さん自身の中にしかないのです。

●日本国憲法を守らせるための努力

ではこれまでどういうふうな形で私たちは日本国憲法を守らせるように努力をしてきたのでしょうか。細かい事件が積み重なることによって国家が動くということは結構あります。いくつか事件を挙げてみます。

例えば旭川市国民健康保険条例事件です。自治体が国民健康保険をいくら徴収するのかなかなか決められないから、金額を決めないでおくという措置をしました。この措置が、租税法律主義という憲法84条の原則に違反するのではないかと争ったのが、旭川市国保条例事件です。

この事件は、弁護士を付けないで、老夫婦二人で争ったのです。最高裁判所は、大法廷を開いて判決しました。この事件では、国民健康保険の保険料には租税法律主義の適用が直接はないかもしれないけれど、できるだけあらかじめ決められることは決めなさい、というような判決を書いたのです。これは老夫婦が「おかしい、憲法に違反しているのでははないか」と疑問を持ち、自分たちだけで争ったというケースです。

●法律が変わるきっかけになった訴訟

次に、この事件をきっかけに法律が変わった、というケースをご紹介しましょう。非嫡出子国籍訴訟です。

そもそも国籍法には、奇妙な規定がありました。お父さんが日本人でお母さんがフィリピンの方というケースを考えますと、子どもが生まれる前にお父さんが認知をしていると、生まれた子は日本の国籍になります。しかし、子どもが生まれた後で認知をする場合は、お父さんとお母さんが結婚していないと子どもは日本国籍を持てないのです。

そこで、そんな規定はおかしいとフィリピン人のお母さんたちと子どもたちが争いました。いろいろな弁護士さんが手弁当で協力したのです。その結果、あまりにもバランスを欠いた定めだということで、憲法違反の判決が出されて、国籍法が変わりました。もう時代は変わったと裁判所は判断したわけです。これも小さい努力かもしれないけれども、法律そのものが変わっていくきっかけになった事件です。

●国家としての責任を問うたハンセン病の訴訟

ハンセン病国家賠償請求訴訟のケースを考えてみましょう。

ハンセン病は、いまでも厳しい差別が続いていますが、じつは感染力は非常に弱い病気です。それなのに国家が隔離政策を取り続けました。これが憲法に違反しているのではないかということで、熊本地方裁判所に訴訟が提起され、２００１年に原告が全面勝訴しました。

その時の内閣総理大臣は小泉純一郎さんでしたが、もう控訴上告しないということで決着がつけられ、日本国政府としての謝罪と国家賠償が行われることになりました。この事件は、下級審で終わりましたが、日本の裁判所の歴史にとっても画期的な判決でした。

以上のほか、議員定数不均衡訴訟なども国民が異議を申し立てる努力によって、憲法が守られてきた事案になります。

●声を上げることで、憲法が守られてきた

自分自身の権利が侵害されている。おかしいことが起きている。そういう人たちが声を上げることで、じつは憲法が守られてきました。今回ご紹介した事案は、ほんの一例に過ぎません。もっと例を挙げることもできます。

理解いただきたいのは、いろいろな人が憲法を守ってほしいと国に訴え、努力を続けているということです。その努力によって、じつは憲法が大筋においては破られないできたということなのではないかと思います。国民が異議を申し立てる努力によって憲法は守られてきたのです。

4 日本国憲法が抱える問題点

●憲法は「選挙制度」によって大きな影響を受ける

さて、私たち自身が、国に憲法を守らせる原動力だったということを踏まえて、最後の話をいたしましょう。

日本国憲法は、今どういうところが問題になっているのでしょうか。じつは憲法というのは、選挙制度に大きく影響されます。選挙制度を見ないと、憲法がどの程度まで活かされるかが分からないとも言われます。

では、どういう選挙制度を選ぶと、憲法が活かされたり活かされなかったりするのでしょう。

衆議院・参議院の選挙制度改革と参議院議員の選挙制度改革。これは１９９０年代の半ばから始まった取り組みです。目的は、国民の意思が政策に反映されるような、「決められる政治」を実現していくこと。そのために、いろいろな選挙の仕組みというのが変わってまいりました。

かつては中選挙区制が選ばれていました。徳島選挙区、全県選挙区は定員5名でした。一つの選挙区から5名を出すという形だったのですが、小選挙区制になったことで今は選挙区から1人の議員さんしか選出しないということになります。1人しか当選しないわけだから、みんなで徒党を組んだほうがよくて、結局大政党をつくっていく一つのきっかけになっています。

1995年から小選挙区制度が選ばれ、衆議院議員の場合には小選挙区比例代表並立制という選挙制度というのが選択されています。

一方、参議院の場合には、選挙区制と比例代表制を組み合わせた選挙制度が選ばれています。

これが、今の日本の選挙制度です。

●選挙制度改革は、政権交代ができるような政治をつくるため

じつは衆議院議員の選挙制度は、大政党に有利になっています。得票率が少ない割に議

席の配分が偏って出るというような特徴がありますから、「決める政治」をつくりやすいということになってきます。

前回の衆議院議員の選挙ですと大体投票率が50％、それから自民党の得票率40％。そして議席配分率が75％ということになっていますので、得票率と投票率とそれと議席の配分率というのに大きな隔たりがあるわけです。言い換えると死票が多い、活かされない票が多いというようなデメリットがある。

政権交代ができるような政治をつくるため選挙制度の改革が行われているわけです。選挙制度のメリット・デメリットや、うまみ、特徴というものを、ちゃんと頭に置いて選挙に行かないといけないということだと思います。

●衆議院は車のアクセル、参議院はブレーキ

私は、衆議院は車のアクセル、参議院の場合はブレーキに例えて説明することがあります。

つまり有権者である以上は、アクセルを踏むのかブレーキ踏むのかという、そういうふ

うなことをわきまえながら投票に行くことが大切です。

ただ衆議院議員にしても参議院議員にしても同じような選挙制度というものがとられている今、それでいいのかという問題があります。二院制をとっている国で、両者を似たような選挙で選ぶ国というのはほとんどありません。どんな選挙制度にしていけば、しっかりと国民の意思が政治に反映されていくのか。若い人たちがこれから考えていくことだろうと思います。

●表現の自由と高校生の政治活動

日本国憲法が抱える問題点の二つ目は、表現の自由です。具体的に言うと、いま問題になっているのは18歳の高校生の政治活動です。

高校生とはいえ18歳はもう主権者なので政治活動は自由にできるはずです。ただ自由にさせるわけにいかないということで、届け出制にする自治体があります。そういったことが必要なのかどうなのかが、問題になっているのです。

皆さんはどうですか。選挙主権者でありながら自分の選挙活動や政治活動について制約を受けるということを、どう受け止めますか。なぜ高校生に自治体が制約をかけても許されるのか。許されるとしたらそれはなぜなのかということを考えないといけません。許されるとしても、どこまで許されるのか。

ここはもう許されるか許されないかという問題よりも、もし許されるとしたら。つまり届け出制にしてもかまわないということにしても、どこまで届け出制にさせるのかということを、考えないといけません。もう主権者なのですから。そういうことも考えていかなければいけないということなのです。

●ヘイトスピーチも表現の自由として許されるのか

表現の自由について、もう一つの問題になっているのは、ヘイトスピーチの規制です。ヘイトスピーチとは、人種や性別、国籍など、スピーチの対象となる人たちが属する集団に対して、誹謗中傷することです。いくらなんでもそんな誹謗中傷は、表現の自由としても許されないのではないか。そこがヘイトスピーチの問題と言っていいと思います。

皆さんはどう思いますか。国会では法律が通ってしまいましたけれども皆さんはどう思いますか。特定の民族、特定の県、特定の人種、そういったところを誹謗中傷するという表現活動は許されるのでしょうか。

●言論には言論で対抗するべき

結局、ヘイトスピーチを規制する法律は通ったんだけれども、罰則規定を付けることはできないという話で決着しました。

私は正直に言って、ヘイトスピーチを規制するのには賛成しかねます。ヘイトスピーチを規制しても問題が解決するわけではないからです。いじめの問題もそうです。

ヘイトスピーチを禁止しても、じゃあヘイトはどこへいくのか。隅のほうに動いてしまう。もっと陰湿な差別が起きてしまいます。

ヘイトスピーチをする人というのは、確信を持ってやります。抜本的にヘイトスピーチを禁止するという方法はないんだということも言えます。もちろん、繰り返し言っておきますけれど、ヘイトスピーチは許されるべきものではないと思います。誹謗中傷行為をしていいという自由はないのです。

だとしても、それを規制することはまた別の問題だというふうに考えていかなければいけないかも知れません。そういうことも考えると、ヘイトスピーチに関しての法制ができたけれども罰則規定が置かれないのは、そういう意味で言うと一つの決着点としてはあり得るのかもしれません。

表現の自由というのは大事な権利であって、好きなことを言うというのは大事です。何かものを言いにくくなったなぁという感じがしたならば、そこは注意しておかなければいけません。大事なことです。

例えば皆さん、LINEなどソーシャルメディアで好きなことを言いますよね。しかし、使い方によっては、それらが他人を傷つけるメディアであるということも、しっかり認識しておかないといけません。

●「それを言っちゃおしまいだ」という限界がある

憲法というのはどんな性格を持ったルールなのかをお伝えしてきました。憲法は、誰が何をどこまで決めることができて実行できるのかということが書かれている、そういうルールです。それが憲法というものの特徴です。

また、日本国憲法について考えるときは「それを言っちゃおしまいだ」というような限界があるということを意識していただきたいと思います。多数決でも、民主主義でも、決めていいことと、いけないことがある。そのことを知るというのも重要な考え方です。

憲法が憲法として守られていくためには、私たちの憲法に対する意識というのがすごく大きな力を持っています。このことを忘れないでいただけたらと思っています。

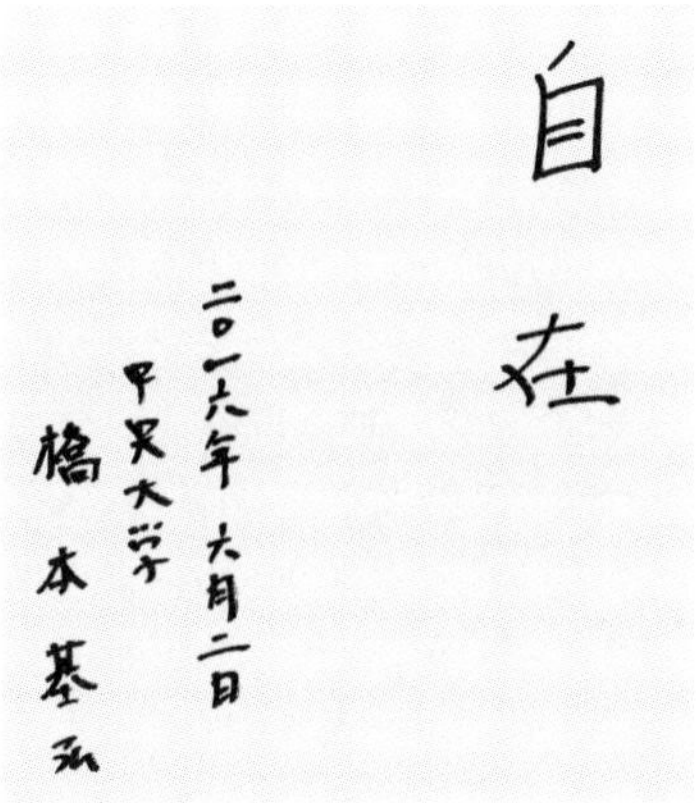

2016年6月2日講演
橋本基弘氏

鼎談 3

憲法をめぐる問題のポイントと考え方

橋本基弘
中央大学 副学長　法学部 教授

西川政善
徳島文理大学専門職大学院
総合政策研究科 教授

桐野　豊
徳島文理大学・
徳島文理大学短期大学部 学長

●憲法改正では地方自治についても注目したい

西川　日本国憲法が71年間一度も改正されずにきたというのは世界的に珍しいと聞いています。その理由は、国民の意思がしっかり働いていたからなのですね。

しかし71年も経つと、ものすごく世の中は変わります。生活環境、国民生活も変わってきています。最近、憲法は今のままではダメなのではないかという空気が、だいぶん出てきています。時代の変化、様相の変化から、日本国憲法が大きな転換期の中にあるのではないかと思います。

　例えば憲法には地方自治について、第8章の4項目分しか書かれていません。個人的には、この辺がどうも足りないものだから、地方創生と何度叫んでも、地方創生ができないのではないかと思っています。憲法改正というと、9条のことばかりを言われてしまうからです。私は、個人的にはそれではいけないと思っています。身近な国民生活、地方の我々に対する生活に対しても、環境の整備をし直さないといけないのではないでしょうか。

橋本　そうですね。確かに9条ばかりクローズアップされているので、他の改革について議論が不足しているかもしれません。

橋本基弘氏

　地方自治や地方分権、あるいは地方創生と叫ばれながらいまひとつ進まないのも、憲法に地方自治の項目が少ないからだというご指摘も、もっともかもしれません。確かにもっと記載があったほうがいいかもしれないですね。

　ただ、考えてみると憲法に書いただけでは、じつは何も解決しないのです。きちんと法整備しないと国は動かない。憲法に書いたから緊急事態に対応できるかというのは、幻想だと思います。それに対応するような財政措置を促進できる仕組みづくり、これが必要です。具体的に考えたらむしろ、そっちのほうがいいのではないかと思います。

西川政善氏

●ヘイトスピーチは規制しないほうがいい

桐野　会場からたくさんの質問をいただいています。「ヘイトスピーチについてですが、先生は規制しないほうがいいというお考えなのでしょうか」

橋本　ヘイトスピーチと個人の尊厳の問題ですが、私は表現の自由を規制しないほうがいいという立場なので、きれいごとなのかもしれないけれど、炎上してもいいと思っています。炎上を怖がっていてはいけないのです。

炎上に対抗する方法は、規制ではないと思うのです。いろいろな言葉を使って、言い返す。自分が声を上げないのに規制をすればいいというのは、すごく怖いと思います。自分は言い返さずに誰かが言い返すのを待って、結局は誰も言い返さなかったから「じゃあ規制すべきだ」というのは卑怯です。それは対抗しなければいけない。対抗言論、カウンタースピーチです。尊厳を守るためには、戦わなければいけないと思います。

●憲法改正は世論が熟してから

西川　日本の憲法は硬性憲法であり、今日まで一度も改正されていないというお話がありました。

桐野 豊

しかし、基本法と呼ばれるドイツの憲法は何十回も改正があります。それからアメリカでも、幾度も改正をしています。そんなふうに、時代に合った改正が続いているところもあります。私は何もかも改正という主張ではないのです。日本国憲法のもとで私たちは教育を受けて育ってきましたから、国の安定・安全は日本国憲法が大きな支えになっているという認識があります。ただ、外国の憲法改正の件数の多さに注目してしまうのです。このあたりを先生はどういう感覚、あるいは考えでご覧になっていますか。

橋本　ドイツ憲法は、必ずしも改正しやすいわけではありません。それでもそのハードルを乗り越えて憲法改正しようという、ドイツ国民のコンセンサスを取れたということではないでしょうか。

ひるがえって日本側で考えると、日本国憲法を改正しようとして、今まで何回も繰り返してきましたよね。1950年代もそうですし、例えば安倍さん（第96代内閣総理大臣・安倍晋三氏）も憲法9条について改正しようとしました。ただ、今の日本では、憲法改正まで国民の意識が成熟していないというのが理由として挙げられると思います。

同じように硬性憲法でも、たくさん憲法改正できる国と、そうでない国があります。それは、やはり憲法に対する国民の思いの違いがあるのではないかというふうに思います。

ドイツ国民は憲法改正が必要だという考えで国民が合意しました。けれども日本ではそう思わない人が多かった、ということではないでしょうか。

ドイツの場合は改正してはいけない条文が決められています。だから、その部分は手を付けられないという安心感がある。それで憲法改正ができたのかもしれないと推察します。

アメリカの場合も憲法改正するのは難しいのですが「改正」ではなく「修正条項」という

形をとって実質的な改正を行っているのが現状です。

●次世代にツケをまわした日本の社会保障制度

桐野　次の質問です。「これからの若い人は負の遺産を背負っていかなきゃならないとおっしゃっていましたが、今の50代60代以上の人も、戦争など負の遺産を背負ってがんばって生きてきました。そのあたりのことについて、先生の真意をもう少し教えていただけますか」

橋本　私が申し上げたかったことは、社会保障など国家財政ということに関するツケを先にまわしてしまったのかなということです。

確かにおっしゃる通りで、すべての世代はその他の世代のプラスマイナスそれぞれの遺産を受け継いで生きています。けれども、私が言いたかったことは、次の世代の社会保障などについて、上の世代が難しい問題を避けてしまってきたのだと言っていいと思うのです。

●米軍基地と沖縄

桐野　次に、非常に難しい質問です。「米軍基地の問題についてお尋ねします。米軍基地はどうして沖縄に集中しているのでしょうか。憲法学者としてのお立場から、お考えを聞かせていただければ有り難いと思います」

橋本　ご承知の通り、沖縄に基地があるという事実と日本国憲法とは大きな矛盾があって、この矛盾というのは直視しなければいけないと思います。憲法9条があるのに、強大なアメリカの基地があるというのは奇妙です。

基地の問題は、原子力発電所の問題と似ているかもしれないですね。沖縄に犠牲を強いておきながら憲法9条があるから平和だというのは欺瞞《ぎまん》なのかもしれません。そこはちゃんと現実の問題として考えなくてはいけないと思っています。

●18歳の選挙権について思うこと

西川　18歳から選挙権を持つようになりました。ただ、当事者意識がいまひとつ少ない人も多いのではないかと思います。２０１６年夏の参議院議員選挙では、高知県と徳島県が参議院の合区となって、非常に大きい選挙区で、１人しか選べないという事態になりました。

こういう状況について、先生はどんな感じ方、考え方、あるいは将来に向かってこうあるべきでないかというようなお気持ちがございましたら、教えていただけますか。

橋本　そうですね。難しい質問ですね。

まず18歳の選挙権というのは意義のあることだと思いますし、そもそも主権者としての意識を持ってもらうということで、18歳から選挙の有権者にされたというところもあると思います。

ただ、自分の一票で何が変わるんだろうというような感じになっている18歳もいるかもしれません。

例えば政府が「憲法９条を改正して徴兵制にします」「もっと多大な社会保障費を請求するようにしましょう」ということになると、これは皆さんの生活に非常に関係します。座して待っていたら、相手の言いなりです。ことによっては、自分たちで声を上げ、状況を変えていかなくてはいけません。多分自分の将来に直結するようなことが出てきたら、

18歳をはじめとした若者たちは、必ず選挙に行くと思います。

もう一つ言うと、例えば不在者投票には住所の問題があります。すごくおかしいのですが、外国に住んでいる日本国民には選挙権が与えられるのに、大学に行っている人間は住民票を移さないと住んでいる自治体で投票できない仕組みになっています。

これは違憲の訴訟をやるべきではないかと思っています。要するに、投票しやすいような環境をつくってあげるということが、非常に大事だと思います。日頃から、ぜひ憲法について議論し合っていただければと思います。

第4講座

患者から見た「薬害エイズ」の真実

再発させないために必要なこと

花井十伍

特定非営利活動法人 ネットワーク《医療と人権》理事

1 汚染された血液製剤でエイズに

●2万人に1人の先天性疾患

私は血友病《けつゆうびょう》という病気です。どういう病気かというと、血が止まりにくい病気です。先天性凝固異常症の中で最も患者数が多く、最も症状が重いのが血友病です。大体1万人から2万人に1人の割合で生まれる先天性疾患となっています。

もしかしたらドラマで、バラのとげが刺さって血がタラタラと流れ出して止まらない、というベタな演出を見たことあるかもしれませんが、あれはちょっと違います。血友病の場合、じつは内出血のほうが問題です。内出血すると、筋肉や関節が腫れ上がってどうしようもなく痛いのです。僕は子どもの頃から痛いという記憶しかありません。どう対処するのかというと、冷やします。不足している血液凝固因子を補充したいのですが、僕の世代ではなかなかうまくいきませんでした。

●高齢になる前に亡くなっていた血友病患者

僕が小学校ぐらいの時のデータになりますが、全国の血友病患者の人口別の分布を見てみると、高齢になっている方がほとんどいませんでした。なぜなら、高齢になる前に死んでしまっていたからです。死因は主に脳出血。もちろん内臓出血で亡くなった方もいますが、脳出血がいちばん致命的です。

当時は不足している血液凝固因子の補充を輸血によって行っていました。健康な人から血液をもらって入れる「輸血」です。献血によって全ての輸血用の血液をまかなうことができるようになったのは1974年以降のことなので、以前は「買血」といってお金を払って血液を買うのが一般的でした。血を売ってくれる供血者を紹介してもらって、輸血するわけです。

ただ、例えば体重60キロの血友病患者の重篤な出血に必要な血液凝固因子は、全血に換算すると6千cc程にもなります。

花井十伍氏

１人の供血者から２００cc採血すると考えると、30倍です。医療の専門家の方はお気づきと思いますが、６千ccというのは、大体１人の人間の身体を循環している血液量より多い量です。

結局、輸血自体もよっぽどじゃないとできなかったわけです。大きな病院に行って、たくさんのお金を払ってするという治療。恐ろしいですが、そういう時代だったのです。

●治療法の劇的な変化

僕の場合は、親が医師から「息子さんは血友病です」と告知を受けました。言われたことは「成人できるかどうか分かりません。覚悟しておいてください」。そんな説明を医科大学の先生から受けたわけです。幸いにして、この年齢になるまで生きてきたのですが、血友病と分かったら短命の可能性を宣告をされる、そういう時代があったのです。

では、血友病患者の治療環境の中で、一体なにが劇的に変わっていったのか。じつは、「補充」の方法が変わりました。血友病は、止血に必要な血液凝固因子の一部が不足する病気ですが、その血液凝固因子の補充方法が、輸血から血液製剤に移り変わったのです。血液製剤を使うことで、患者たちの延命率が大きく変わったのでした。

２０１１年のデータを見ても、日本に住む血友病患者を、年齢別に5年ごとに分けた人口構成では高齢者が少ないのです。これはかつて治療法がない時代に高齢者がたくさん亡くなってしまったからです。

ただ、僕ら１９６０年代、70年代あたりに生まれたグループは、相当生き残っています。この年代には、血液製剤がだいぶん普及するようになったからです。新しい治療法ができて、ちょっと元気そうに見える世代なのです。でも、実際は違います。じつは僕らの世代には、ウイルス感染症のリスクがありました。薬害エイズです。

血液製剤というものが登場し始めた僕たちの年代には、汚染された血液製剤を使ったことでＨＩＶに感染した人たちがたくさんいます。そして、ＨＩＶによって死んでいった人たちがいます。

だから僕らの世代は昔より長生きで何か元気そうに見えますが、じつは肝炎やエイズウイルスに感染してしまい、苦労しているという世代なのです。

●自由にスポーツする世代の登場

ちなみに僕らの世代よりもずっと後の１９９０年代以降出生の血友病患者たちを見てみると、この子たちは元気なのです。だから90年代以降出生の血友病患者は、ほぼ一般の健常者と変わらないと思います。

もちろん死ぬこともないし、何でも自由に自分の人生を切り開いていくかもしれません。僕らの世代は、体育の授業を見学する場合が多かったのです。体育の授業に出たことがないという人もいます。しかし、今はそんなことはなくて、サッカーや野球は自由にやれますし、学校の授業などで「柔道をやってもいいですか」と聞く患者さんもいるほどです。医師は「もしかしたら大丈夫かもしれないけど、現状はできれば柔道は止めておいて」と言っているらしいです。

そんな中でも、水泳の選手もいるし、この前は選抜高校野球に出場したチームのピッチャーが血友病患者だと聞いて、大変驚きました。血友病という病気自体が、かつては非常に短命だといわれた遺伝性疾患だったのですが、医療の進歩により、90年代以降に生まれた層は、そういうふうに変化しているのです。

●血友病患者が薬害エイズの被害者に

僕らの世代について話を戻すと、昔よりは良くなったことがある一方で、悪いこともあった世代です。その最悪が薬害エイズです。

エイズというのは、ヒトの免疫機能を壊す病気です。病気の原因はヒト免疫不全ウイルス（Human Immunodeficiency Virus, HIV）といって、通常はエイズウイルスという名称でマスコミ等では表現されていると思います。

このウイルスに感染するとまず高熱が出て、その後に抗体ができます。インフルエンザの症状によく似ています。

インフルエンザの場合は抗体ができるとウイルスの増殖がとまって治ります。ところがＨＩＶは特殊なウイルスなので、自分の遺伝情報を、感染した免疫細胞にコピーするのです。

するとどうなるか。じつはリンパ球が、ウイルスの工場に作り替えられてしまいます。このウイルスの工場がある限り、どんどんＨＩＶウイルスが生産されてしまいます。いったんＨＩＶウイルスに感染してしまうと、大切な免疫細胞がＨＩＶウイルスに壊されてしまうのです。

免疫細胞は重要なので、壊されてもどんどん増えます。しかし、ＨＩＶウイルスも生まれます。そんなイタチごっこを続けながら10年ぐらい経過します。これが未発症期です。ＨＩＶの一つの問題は、この未発症期です。感染しても発症するまで自覚症状が全くないのです。だから感染者が見つかりません。気づいた時には症状が出ています。自覚症状以外に気づく方法は、検査しかありません。発症までは短ければ数年、長くても10年くらいで、エイズを発症して無治療だと、大体２年間で亡くなります。

僕らが感染した時期にはＨＩＶの治療方法がなかったので、放っておいたら大体みんなに死が待っていました。汚染された血液製剤を使ったことで、僕たちはそういう病気にかかったわけです。

日本全体を見てみると、ＨＩＶは薬害だけではなくて、性行為による感染も多いです。そして性行為による感染の中の約7割が男性同士の性交渉によって感染しています。

他にも、母子感染やドラッグによる注射器の回し打ちという感染経路もありますが、これらは日本では少ないです。

２０１１年のデータを見ると、毎年大体１５００人ぐらいの感染者が出ているということになります。

国がエイズ患者、もしくはＨＩＶ陽性者を捕捉するために患者数を数えて報告書をまとめ始めたのが１９８５年です。僕ら血友病患者は、当時全国に5千人ぐらいいましたが、そのうちの１５００人ぐらいが感染してしまいました。

●エイズ新薬の登場

ところが、１９９６年に大きな変化が訪れました。この頃の僕は、薬害エイズの和解に向けた裁判の運動をしていたのですが、「アメリカでＨＩＶ患者の死亡者数が半減したらしい」という情報が入ってきました。

それまでアメリカの若者の死因の第1位がエイズだったのです。そんな最悪の状況下のアメリカで、死者が半減したというニュース。劇的な変化の理由は、新薬の登場でした。

エイズは１９９６年に画期的な新薬が出て、治療ができるようになりました。１９９４年や１９９５年までは「あなたはＨＩＶに感染しています」と言われたら「あなたはもう少しで死ぬかもしれません」というニュアンスがありました。ところが、この新薬が出て、状況が変わりました。

これはデンマークの研究ですが、治療法がない時代には46・9歳というのが感染者の平均余命でした。ところが治療ができるようになってからは、63・9歳まで余命が延びています。

オランダの研究によると、一般の患者の平均余命は78・1歳です。ところが25歳で感染してHIV陽性と診断されても、77・7歳まで生きられるというデータがあります。こうなると、エイズは致命的疾病とは言えません。端的に言えば、今はHIVに感染しても死なないよ、ということです。

どうしてかというと、薬のおかげなのです。ただ最初、新薬は本当に副作用がつらかったのです。なんとか命を取り留めても、これじゃあ生きていることにならないね、という感じでした。

幸い、今は短期的に実感できる副作用はほとんどなくなりました。僕も3つの薬を1日2回服用しています。

●服薬率を95％以上に保つ必要がある

こういった薬の開発によって、今はＨＩＶに感染してもおそらく命だけは助かります。ただし薬は服薬率を95％以上に保つ必要があります。それはなぜか。ＨＩＶには「変異が早い」という特徴があるからです。服薬率が低くて中途半端にウイルスを排除しようとすると、ウイルスが耐性ウイルスになり手がつけられなくなります。

どのくらい耐性ができやすいか。マニアックな話になりますが、服薬率で調べた結果、いちばん耐性ができにくいのは95％以上と20％以下です。逆にいちばん耐性ができやすいのが、大体75％から80％ぐらいです。だから薬をもらって「大体8割ぐらいのんでいます」というのが最も危険なパターンです。

8割ぐらいなら2割以下のほうがましなのです。だからＨＩＶ感染者は、薬をとても厳格にのみ続けるということが大切です。そういう意味ではＨＩＶ診療の現場では薬剤師さんの仕事が非常に重要になってきます。

2 薬害エイズはなぜ起きたのか

●人生が失われていく「薬害」という悲劇

僕らは血液製剤でＨＩＶに感染したわけですが、ほかにも、ジフテリア予防接種による薬禍や、サリドマイド薬害、スモン薬害、薬害ヤコブ病、薬害肝炎、薬害イレッサなど、戦後は連綿と薬害が発生しています。

薬害の被害者は、被害から裁判まで長い年月を費やします。薬害のために人生が変わり、人生が失われていくのです。

薬害被害者の一生というものを考えてみると、まず被害が起きて、本人の自覚もないまままだんだんひどいことになっていきます。僕らの場合は、バタバタと周りがエイズになっていきました。最初は謎の疾患だったのが、原因はどうも血液製剤らしい、ということが分かっていきます。ああみんなに感染しているのか、みんな死んじゃうのか、国は何をしているんだといった時に安全な血液製剤に切り替わり、やっと被害が収まります。そして国に、いろいろやってくれと要求すると、国は知らん顔。それでは裁判だ！　ということで裁判が始まって7年ぐらいしてやっと判決が出て、じゃあということで補償が始まって…。たいていはこんな具合です。

だから薬害被害者は、被害に遭ってから裁判をして…となると、まさに「人生」を失っていくのです。

薬害の被害者になるというのはそれなりに人生が変わってしまう話だということ、それからこうやって繰り返し薬害被害が起こっているということを知っていただきたい。一方で、そうは言っても被害は決して無駄になっていないのではないか、というお話をしたいと思います。

●薬害被害が起きたから、行政が見直された

「薬害が無駄になっていない」とはどういうことか。

日本では薬害被害が起きると、行政が見直されるという流れがあるのです。

大体裁判の最後は大臣が被害者に対して頭を下げるのです。「今後二度とこのような悲

劇を起こしません」と言います。そうすると一応口だけということはないので、それを契機にいろいろなことが決まります。被害者のほうからは「こんなことがある、あんなこともあるので、ここを直して」と要求します。大臣は謝罪して「分かりました。それはすぐに対処します」と返答します。こうした流れの中で、例えば基本的な副作用報告の義務とか回収命令、救済制度みたいなものができた、という経緯があります。

そういう意味で言えば、何かが起こらないと行政の重い腰がなかなか上がらないとも言えます。

僕は原発事故も薬害と同様だと思っています。原発の是非はともかくとして、あんな悲惨なことになってしまいました。でも、少なくとも福島以降は、原発の安全対策は向上しているみたいですよね。安全対策が向上しただけで、原発自体が本当に安全かどうかは別物ですが。

それでも、原発事故が起きたから安全対策自体の見直しに着手できています。何かが起こらないと重い腰がなかなか上がらない。薬害と同じようなことが行われているということです。

●薬は完璧なものではない

薬害というものがなぜ起きるのかを考えるときの前提として、薬とは何かを考えたいと思います。

医薬品とは結局、鎮痛作用があるとか、血糖値を上げるとか下げるとか、効果があるものです。

しかし、ただ効能があるだけでは使いづらい。1錠のめば頭痛が一瞬のうちに止まる薬剤があったとして、その後の副作用で脱水状態が1週間続きますと言われると、これはもう使えないと判断するのが常識だと思います。

1錠のめばどんな泥酔状態でもシラフに戻る薬ができたとしても、副作用で10人に1人は死にますと言えば、誰も買わないでしょう。

だから最初に効能効果を聞いて使えると判断され、副作用を聞いても「ああそのくらいだったら、この効果いいいんじゃない」ということがあれば、これはその効能効果が副作用を上回る使い方・量を決めて薬品として売っていいよと国が承認するのです。

何が言いたいのかというと、薬品というのは完璧なものではないということです。副作用と効能効果との比較によって有効性が決まるということ。有効性があるものを医薬品と呼ぶとも言えます。そう考えると薬害の定義は簡単で、薬害とは「多くの人にとって有効性を上回って受忍できないような副作用がある医薬品が、広く販売使用されたことによる被害」ということです。

さっきの泥酔が治るという薬を出して1万人が使ったところ、そのうちの800人が死亡しましたとなると、たちまちそれは販売中止、というか承認されません。

●薬には副作用のリスクがついてまわる

例えば抗がん剤について考えてみましょう。効能効果は腫瘍縮小・延命効果や完治です。1カ月生き延びるために副作用がある薬をのむとしましょう。するとは問題は、その1カ月に対してどのくらいの副作用があるかということです。たとえ1カ月であろうが2カ月であろうが延命できるのであれば、相当な副作用でも我慢してリスクを払うということが多くの人に合意されているのであれば、その医薬品はリスクを受け入れて承認されるということになるわけです。

昔、初めてエイズの治療薬が出た時も大変重篤な副作用がたくさんありました。当時は治療法が全くなくてバタバタと感染者が死んでいる時代だったので、それでも患者はがんばって、そうした薬で治療を行っていました。

それ以降もさまざまな薬が開発され、治療に貢献もしましたが、後になってその薬の長期毒性がどんどん明らかになることがあります。僕も10年以上服薬した薬の副作用で体調を崩してしまうことがありました。しかし、そうした事は長い時間をかけてはじめて明らかになるようなことが多いのです。

薬を承認するための臨床試験を治験というのですが、大体はそれほど高齢者を入れず、子どもも入れずに試してみるわけです。だから、市販後はいろいろな患者さんが使いますから、何が起こるか分かりません。市販後に多くの症例が蓄積されることによって薬が育っていくのです。

逆に市販後は、使いづらかった薬も症例の蓄積によって、効果的な使用法が分かっていくものもあるわけです。

●患者の屍《しかばね》を越えて薬は育っていく

このように、薬というものは、市販されているものでも副作用の危険性をはらんでいます。不完全なだけに、薬は患者の阿鼻叫喚《あびきょうかん》を乗り越えて育っていくものである、とも言えると思います。

これは、ある程度は仕方ありません。ただ、患者がその命をかけて生み出したデータを、誠実に専門家が活かしていくことこそが重要です。医師や薬剤師は、薬の不完全性を前提に仕事をするという、ある種不完全な道具を用いる宿命を持っていると言えるかもしれません。

3 病気の苦しみ、偏見による悲劇

●感染症を生んだ血液製剤の製造方法

薬害エイズが発生した原因は、汚染された血液製剤が血友病患者に投与されたからでした。では、なぜ汚染された血液製剤が、そんなにも大量に生産されたのでしょうか。

理由は、血液製剤の製造方法にあります。血液製剤は、たくさんの方々から集めた血漿《けっしょう》を、一つの大きなタンクで処理してつくるのです。すると、血漿提供者のうち、一人でも何かの病原体に感染していれば、タンク全体が汚染されてしまいます。提供者の数が増えれば増えるほど、そのリスクは増えていき、感染者数が少なくても、病原体が拡散する確率が上がります。これがプール血漿というわけなのです。

こうした製造方法が取られていることから、エイズウイルスだけでなく、B型肝炎ウイルスやC型肝炎ウイルスなども拡散してしまいました。

ちなみに、今は日本の献血血漿が使われていますが、僕らがＨＩＶに感染した当時はアメリカの買血によって集められた血漿が使われていました。

プール血漿による感染の危険性の増大については、当時から指摘されていました。当たり前ですよね。しかし、分かっていたのになぜやってしまったのか。理由は、まずその有効性にあると思います。

血友病患者が手術するのに必要な血液は6千ccというお話をしましたが、血液製剤を使えばなんと120ccの輸注でいいということになります。これはあまりにもまぶしい有効性で、血友病患者にしてみれば、ありがたいことです。それが一つです。

もう一つの理由は、リスクに対する認識の甘さがあったと思います。

「血液によってウイルスが広がっていくリスク」といった時に、そのリスクとは「肝炎」であると関係者は考えました。そういう肝炎に対する認識の甘さがあったと思います。それまでは、血液感染の第1のリスクが肝炎でした。まさかエイズなんていう新しい病気が登場するとは誰も思わなかったのです。

●被害は人災によって拡大した

エイズは１９８０年代に公表されました。初期の頃から、血液によって伝播するのではないかということは分かっていましたが、まだウイルスは見つかっていませんでした。１９８３年にはアメリカやフランスの研究者たちがＨＩＶウイルスを特定したのです。日本でも82年の7月には「奇病」としてエイズのことが報道されました。ヒトの免疫性を壊す危険な病気。患者はほとんど同性愛者か血友病患者という内容です。

初期の報道は本当にひどいものでした。インターネットがなく、週刊誌が今より売れていた頃です。新聞の見出しは「日本でも真性エイズ　血液製剤で感染？」です。84年の1月には、週刊誌の見出しはすでに「過去の病気」のような扱いです。「あのエイズはいまどうなっている？」みたいな扱い、対岸の火事という印象です。たいして危機感がないという感じが伝わってきます。

しかし、日本にも危険が広がっていました。先ほどご紹介した血漿は、ちょうど82年ごろから増えています。じつは、当時日本が輸入していた血液の量は、世界の血液輸入量の3分の1ぐらいありました。すごく大量です。

そしてその血液は、どこから入ってきていたのかと言うと、先ほどご紹介した通り、アメリカから入ってきていたのです。

今も昔も、エイズ患者が爆発的に増えている地域がアメリカです。そのアメリカから使い切れないほど大量の血漿血液が、当時は日本に輸入されていたということです。

こういう状況が背景となり、当時の日本の医療現場で使われている血液製剤は全部HIVウイルスに汚染されていたわけです。全部です。

ところが、HIVウイルスが入ってはいたけれど、感染できるぐらい元気なウイルスが生き残れたのは、血友病患者が使っている非加熱製剤だけだったのです。それで、日本での感染は血友病患者だけになってしまいました。

こんな欠陥製剤が、じつは相当長い間、市場に出回っていました。1983年の秋には、当時のミドリ十字というメーカーが、内部文書で営業担当に通知しています。「危険性がない」ということを、かなり説明しているのです。けれども、当時のメーカーの社長は危険性を察知していて、2005年には有罪判決が出ています。じつは1985年8月には安全な製剤があったのですが、この安全な製剤以降も汚染された非加熱製剤を売り続けていたのです。つまり、在庫処理です。そのために、被害は長く続きました。僕ら血友病患者の中で、いちばん遅いＨＩＶ感染は１９８８年です。だから相当長い期間、いわゆるウイルス入りの製品が市場にはあったというわけです。

●エイズ患者への差別や偏見

１９８５年には日本でいよいよ騒ぎが大きくなりました。一つはアメリカに住んでいる日本人が第1号患者になったことです。血友病治療の権威と言われた安部先生が、汚染された非加熱製剤を血友病患者に投与したということがスクープされ、朝日新聞に載っております。このあたりから血友病患者がエイズと結びつけられるということが増えてきました。

さらに、エイズ患者への偏見や差別は１９８６年から１９８７年にかけて、いわゆる松本事件や神戸事件、高知事件によって拡大していきました。

長野県松本市ではフィリピン人の女性がＨＩＶ陽性と判明したのですが、実名が公表され、売春していたということまで報道されました。松本市内では外国人が銭湯の入浴を断られるという事態に発展。同じことが東京でも起きました。信じられないでしょうけれど、実際に起こったのです。

神戸事件、これは神戸で日本人初の女性患者が判明し報道されました。すると、この女性のお父さんが行きつけの、これまで家族が飲食していた店で、入店拒否されたりしました。

さらに高知では、ＨＩＶ陽性者が妊娠していることが分かったと報道されました。血友病患者の男性から感染したという報道なのですが、感染ルートはプライバシーのはずなのですが、あわせて発表されています。

そしてさらにこの患者さんには、「妊娠を避けるように市や県の担当者が指導していた」というのです。すると今度は、妊娠したけれども出産を控えよという指導までしていたということで、これもすごい話です。結局、女性は帝王切開して無事に感染しないで赤ちゃんが生まれたそうです。

今の常識から考えられないことが次々と起こっていた、ということが伝わったでしょうか。エイズは薬害ではありますが、人権の問題としても考えさせられることが多かったのです。

●「初恋もまだ」という10歳代以下の子どもたちが犠牲になった

医療現場でも差別や診療拒否が起こりました。診察してくれる先生がいると、その先生が病院で差別されました。関西の某医学部の教授が患者の診察を継続したために教授会で問題にされて、結局失脚するということもありました。

１９８０年代後半から、１９９０年代前半の10年間ちょっと。これが本当にひどい時代でした。この日本の歴史の中で、幼稚園児や小学生、中学生、高校生がエイズを発症して次々に死んでいくような時代っていうのは、かつてなかったし今後もないでしょう。

当時僕らはもう30歳くらいでしたが、血友病でＨＩＶだからまあ僕は十分だなって思ったんですよね。オッサンになったし、もう十分生きた、と。

でも、汚染された非加熱製剤を投与されてしまったために、あんな若い年で死んじゃったのか、みたいな子がたくさんいました。初恋もまだって感じの世代の子です。そういう子たちが、薬害エイズの被害者となって死んでいったのです。

4 医療制度への無関心が、「第2の薬害エイズ」を生む

●「保険の点数化」が、医療のかたちを変えている

さて、僕はエイズの裁判をしたことで、予防法の委員会や薬害エイズの教訓から血液法の改正というものにもかかわりました。おそらく、中央薬事審議会の中で、初めて患者が委員になったケースだと思います。

それで何が変わっていったのかというと、それまでは非公開だった会議が、まず公開されることになりました。

そういう時代の潮目があって、このあたりから公開が当たり前になってきました。それから、僕のように、被害の当事者が審議会に入るというケースも増えてきました。

審議会に入って、僕もそれなりにいろいろと活動したのですが、個人的には、日本の医療制度の仕組みが見えてきたことが大きかったように思います。そのことについてお話ししましょう。

まず厚生労働省所掌の医療関連組織は、大きく分けて4つの分野に分かれます。医薬・生活衛生局、健康局、医政局、保険局です。

この中で保険局は「健康保険法」と密接にかかわっているわけですが、この保険局の中に中央社会保険医療協議会、略して中医協という組織があります。ここは保険の点数を決める組織なのですが、ここが医療に及ぼす影響は大きいものです。

中医協は何をやっているのかというと、主には保険でカバーする医療の値段を決めています。言ってしまえば、それ以外の機能はありません。

けれども、中医協では実際、いろいろなことが動いています。保険療養上の点数配分によって、医療機関を誘導し、保険療養の質をうまく確保しようとしています。また、医療施設の機能も点数によって適正化しようとしています。医薬品の適正な使用も、レセプトの診査によって確保されていますし、結核など特殊な病床の配分も点数によってやろうとしています。

つまり、例をあげていけばキリがないほど、医療全般を「値付け」でコントロールしているわけです。だから保険局は「値付け」だけが仕事なのですが、結局は「値付け」によって日本の医療の形が変わってしまうほどの影響があります。

けれども、こうやって診療報酬によって医療の質を守っていくというようなやり方は、本来正攻法ではありません。

●専門家の権限

例えば、医薬品は法律によって厳しい審査を受けて承認されるものです。なので、承認されたものは、専門家である医師と薬剤師が、処方・調剤するのであって、現場の判断で適用範囲を柔軟に解釈しても問題ないはずです。基本的には制度はそうなっていますが、やはり医師免許、薬剤師免許だけの保証では、現在の専門分化した医療すべての適切な専門的判断は困難です。だとすれば、医師や薬剤師の中で、さらに専門分化した権限を法律で規定するほうが合理的です。

でもこの正攻法に反対意見も多いのです。特に医師の場合は、調剤も許されていますから、万能の資格です。同じ資格の中で権限を限定するという考え方にはやはり、抵抗感が強いのだと思います。

本来、医療は極めて専門性の高い領域です。したがって、専門家の判断が最も信頼に値するはずですから、現場での専門家の判断にまかせることができれば、診療報酬の点数表に細かなことまで書く必要はないはずです。

しかし、現実には医師免許も薬剤師免許も、更新も専門免許もありませんから、医療行為そのものに細かな条件を定めて保険給付の是非で医療を縛っているわけです。

制度設計としては、人を縛る制度と行為を縛る制度は両方必要ですが、日本では行為を縛るほうに重きを置きすぎているのかもしれません。また、法律で縛られるのではなく医師自らの手で専門性を確保していこうとする、専門医制度が構想されています。こうしたことが進めば、属人的に医療の質を確保する政策も可能になっていくかもしれません。

●医療は国民の最重要課題

少し難しい話になりますが、そもそも質の良い医療の享受というのは、国民にとっては基本的人権の根幹をなすものではないでしょうか。医療政策の方向性は、常に国民が主体となって進めていくべきではないかと思うのです。

けれども、実際は重要な政策課題として国民の議論や圧力が不足しています。これまで、国民が医療制度を実感として理解して、意見を表明する機会が、この国は極端に少なかったのではないか、と思うのです。

日本の医療費は約40兆円。そのうち薬代が10兆円ぐらいです。費用対効果は全く考えなくていいのか、考えるべきなのか。社会保障費の増大と国の財政を考えると答えは明らかです。

そして、そういうことは専門家に聞く話ではありません。社会保障制度があるのは主権者である私たちのためだからです。

●努力で勝ち取った、診療報酬の明細書

アメリカの独立宣言は、いわゆる生存権、生きること、そして自由であること、幸福を追求すること、こうした人権を確実にするような政府を、主権者である国民は政府として承認するということをうたいました。日本の立憲主義による民主主義もこれと同じ立場であり、主権者の我々は公共の福祉に反しない限りこの権利を享受して、この国の主権者として、人権を守る政府だけを政府として認める。そして、自分たちが認めた政府との契約書が憲法です。

憲法25条には「国は、すべての生活部面について、社会福祉、社会保障及び公衆衛生の向上及び増進に努めなければならない」と規定されています。医療の充実は、国が当然やらなければいけない重要な任務の一つであり、政府はただ、やらなければいけないことをしているだけなのです。

だから、医療というのは、民主主義の中にある国民の重要課題なのです。

ところが、例えばかつては、診療報酬の明細書が、じつはほとんど発行されていないどころか、発行されないようにしていました。国民に、医療の値段をずっと隠蔽《いんぺい》し続けたわけです。

しかし「これはおかしいんじゃないか」という運動を20年間やってきた人たちがいて、今やっと診療報酬の明細書が出るようになりました。国民が知ることができるようになったのです。

国民が批判する前に、そもそも国が「そんなに知らなくていい」というような方向でずっと来ていました。こうした国のあり方に、私たちはもっと関心を持つべきではないでしょうか。

●医療が産業システムに巻き込まれないためには

「市民社会」という観点から言えば、医療は国民にとって最大の関心事の一つです。その中で起こっていることは、産業としてのイニシアチブです。医療と産業との関係をどうマネージメントするかという問題がもう目の前に来ているということです。

例えば劇的な治療薬が開発されて市場に出回ると、製薬会社は莫大な利益を得ていきます。これは産業システムが主導権を握るということであり、科学者が産業システムを支える生産者に成り下がるのだということでもあります。

だからこそ、今後は専門家の知性が重要だということ。もっと言えば、サイエンスというものを科学者たちがどのように考えるか、思想や哲学、理念が大事だと思います。そうでなければ、気がついたら何のことはない、科学者たちが産業システムの生産者になってしまっているかもしれません。

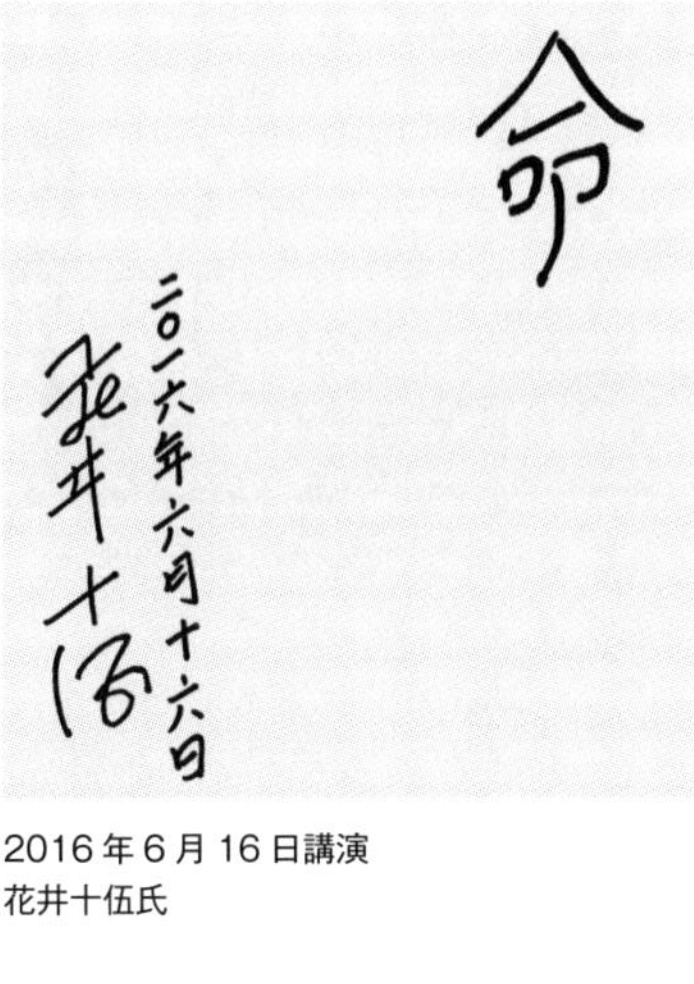

2016年6月16日講演
花井十伍氏

鼎談 4

HIV患者への差別と偏見に隠された、本当の社会問題

花井十伍
特定非営利活動法人 ネットワーク《医療と人権》理事

千田彰一
徳島文理大学 副学長

桐野 豊
徳島文理大学・
徳島文理大学短期大学部 学長

●重要なのは、医療制度に対する当事者意識

千田　医療界は、保険点数が決まるとそれが医療のかたちを変えてしまう、というお話が印象的でした。

そういえば、医療系の学生が就職をしようとするときに保険点数が大きく変わると、求人数が激変する場合があります。保険点数には、そういうことを可能にする影響力があるということです。

中医協で行われた議論について、「見える化」は、今どういうふうになっているのでしょうか。

花井　今は情報公開が進んでいます。審議会も議事録もすべて公開されていますし、審議会に提出される資料も全部公開されているのです。

ただ中医協の議事録と資料を一般の人が見て、それで内容が理解できるかというと、じつは相当分かりにくいです。専門的だからということもあるのですが、書き方にも原因があると思います。つまり、医師と行政官と保険者側だけが分かればいい、という書き方なのです。公開か非公開かといえば公開が進んでいるんですけど、それは結局ただ公開しているというだけに過ぎません。本当に重要なのは市民社会としてどう受け止めるか。具体的な問題として咀嚼《そしゃく》できるかどうかです。

花井十伍氏

つまり、公開の有無よりも、私たちがどう受け止めて、どう問題意識を持ってかかわっていくか。そのことのほうが重要なのです。

例えばロンドン五輪の開会式では、イギリスの保険制度

千田彰一氏

がアピールされましたよね。それでは、2020年の東京オリンピックで日本の皆保険制度がトップで出るかといわれたら、出ないと思うのです。そういう点で考えると、イギリスは市民にとっての医療システムをとても大事にしているし、国民のコンセンサスになっていると思います。確かに労働党寄りの演出だと批判はされましたけれど「俺たちは貧しくてもちゃんと医療を受けられる制度があるんだ」ということ自体に、誇りというか、国民が盛り上がっている感じが、あの開会式にはあったと思います。

一方、日本では「そんなのは、お上がやってること」と無関心ですよね。国家の主権者がその制度を支えているという感じがありません。そこが日本の民主主義社会の課題だと思います。課題解決のためには、制度や情報を分かりやすくするということも必要だし、市民社会として主権者側がもうちょっと意識を変えていかないと、これからは困るかもしれません。

それから、薬害で被害に遭って裁判をやっていると、日本では「市民運動をやっている変な人」みたいな感じで受け止められやすいです。

●病気や市民活動への偏見を解消するには

桐野　会場からの質問をご紹介します。「当時も今も、病気や活動に対する差別や偏見があるわけですね。これを解消する方法はどうしたらいいと思われますか。また、責任を持つべき組織は厚生労働省でしょうか」

桐野 豊

花井　難しいですよね。僕は、それが最後に残された課題だと思っています。

ＨＩＶって、考えてみたら医学的に解決しているじゃないですか。いまは予防投薬も出てきています。その予防薬をのめばウイルスには感染しないし、させることもありません。例えば来年、日本に住んでいる人全員に抗体検査をして、陽性者に全部投薬すると、その次の年の陽性者がゼロになるということになります。

ところがそれはできません。全員検査の方法はあっても、検査が行われない理由は、差別と偏見なのです。医学的な問題じゃなくて社会的な問題としてＨＩＶによる差別と偏見があります。誰の責任かということですが、これが難しい。法務省が人権擁護なんて言っていますけれど、果たして人権擁護委員会が機能しているのかという問題もあります。今も昔もマスコミの責任も大きいと思います。

みんなで考えていかなければいけない問題だということは分かっているけれど、誰かの責任という考え方では、たぶん解消はしないでしょう。変えるべきなのは「みんなの意識」。だから、みんなの意識を変えていくために何かをしなければいけないと思っています。とはいえ何かの団体だけが活動して、国民不在のところで議論を進めてしまうというのが、いちばん良くないと思います。

●患者の知る権利

千田　専門的な事柄も、皆さんに分かるように説明していくことが必要ですね。

今は医療の現場でも、患者さんの身の回りにある言葉で話をしようと努力している医師が多いと思います。端的に紙の上の同意じゃなくて、心から納得してもらって治療する。納得してもらおうと思ったら患者さんに分かるように話をしなければ伝わらないのです。こうしてインフォームドコンセントで納得をしてもらうとしているわけですが、なかなか理解しにくい部分もあるのかなと思います。

桐野　１９６０年代は、インフォームドコンセントということがあまりなされていなかったと思います。仮にその時点でインフォームドコンセントという言葉があったとしても、血友病の治療法として何がいいのか、まだはっきりしていませんでした。

若い方もやがては何かの病気について治療を受けることがあるでしょう。花井先生のご経験から、ベストの治療法が確立していない病気について、患者と治療者の関係はどうあるべきだとお考えでしょうか。

花井　裁判が終わった後、研究者とチームをつくって、お医者さんにインタビューしました。

ある先生は、こうおっしゃいました。「医者として、『ＨＩＶに感染してしまったら治療法は全くありません』などと患者に言うのは無責任じゃないかと思った」「無責任だと思う」というのは、その先生の医師としての自負というか矜持《きょうじ》ということです。医師でも分からないことを、患者に対して無責任に説明していいのかということを言っていたと思います。

ただ、今の時代は、分からないことは分からないと言うしかないと思います。それが結論になっていくのではないでしょうか。

確かに告知の問題もあります。僕らがインタビューした先生は、じつは告知をして一人の患者が自殺したことがあったのです。そういうケースを経験した医師の中には、誰にもＨＩＶ陽性者と伝えない人もいたようです。その結果、伝えなかったせいで患者さんがパートナーに感染させたというケースもありました。裁判中原告団としては、患者に告知をせずに患者を抱え込み、被害を拡大させたとして医師を批判しましたが、実際には先ほどご紹介したようないろいろな考えがあるのです。当時は「先生にお任せします」という時代だったということもあります。

インフォームドコンセントという概念が、当時もう少し浸透していれば、医師ももう少し素直に患者と情報共有して、病気に立ち向かえていたかもしれません。

●正確な情報をつかむために

桐野 もう一つ質問が届いています。「薬害防止のために、学生の私たちには何ができるでしょうか」

花井 リテラシーという言葉はあまり好きじゃないですが、やはり正確な情報をつかむ力が必要ではないかと思います。

今は、情報が多いですよね。基本的にはどんな医薬品の情報もインターネットで検索できます。その中で信頼すべき情報はどれかというのが問題なのですが、医薬品に対してはPMDA（独立行政法人 医薬品医療機器総合機構）という組織があります。そこの情報は信頼性が高いと思います。

僕ら日本人は、基本的に薬が好きです。そこで、まず薬を知るということが大切だと思います。一般市民としては情報の取捨選択が重要なことです。医薬品に関してはPMDAのホームページをチェックしてほしいです。PMDAはまさに中立的な情報があるので、そこから当たってもらうというのは、一つの方法ではないかと思います。

桐野 治療を受けると診療明細書というのが発行されますが、あれを読んで自分が今、どういう治療を受けているのか知るということも大切です。

千田　医療の世界では、医師が患者さんと対話をしながら治療を進めていくということが大事です。

　今回の花井先生のお話では、医師として薬害を防ぐために正確な情報をきちんとタイムリーに患者さんにアウトプットすることの大切さを強く感じました。得た情報をどう正直に、患者さんに説明するのか。どこまで説明するのか。20～30年前、最初のエイズ患者が出た時に医師はどんな態度を取ることができたのか。後で考えたときに、いい医師でいられたかどうかが分かってくるのですが、本質的には常に日進月歩の情報をおさえていなければならないと思いました。

第5講座

発達障害のある子どもたちを理解するために

現場で役立つ支援の手法を考える

熊谷恵子

筑波大学人間系 教授

1 発達障害「3つのタイプ」

●日本各地から教育相談が寄せられている

私が所属している筑波大学は教育に関する歴史が長い大学です。教育相談の歴史もとても古く、戦前の昭和11年ぐらいには「教育相談室」というシステムをつくっています。

今も昔も「教育相談室」というのは、いろいろな相談が来る場所です。「教育相談室」には子どもの発達や教育について「現在、公的には支援を得られないけれど、日常的に困る場面があり、どうしたらいいのか分からない」という具体的な「困りごと」をうかがいます。そのため「こういう子どもたちに対しては、こんなふうに指導や支援をしたほうがいいんじゃないか」と、新しい教育方法や支援方法を提案する場所にもなっていると思います。これからの公教育の在り方を考える上でも、とても重要な役割を持っていると思います。

筑波大学のキャンパスは茨城県つくば市にありますが、大学の「教育相談室」は東京にもあります。私はこの「教育相談室」の室長で、ここには福岡や北海道など全国各地から教育相談に来られます。「困っています」と相談に来られる方たちから、逆に私たちが教えられるような形で、指導や支援のノウハウを積み重ねてまいりました。「こんなことが必要なんだ」「こういう解決方法があるのではないか」など、いろいろなことを示唆され学ばせられているという状況です。

●みんなが一つの教室で学ぶ時に必要な配慮とは

熊谷恵子氏

そのような経験から、発達障害というテーマの中でも特に、インクルーシブ教育の推進と合理的配慮の観点からお話をしたいと思います。

「インクルーシブ教育」という言葉は聞き慣れないかもしれません。これは、障害のある子どもを含む、すべての子どもに対して、一人ひとりの教育的ニーズにあった適切な教育的支援を行う教育のことです。障害のある子もない子も、みんなが一つの教室で学ぶ場面を想像してみてください。そのような場面では、教える側にも適切な配慮が必要です。この配慮のことを「合理的配慮」と言います。今回は「支援に必要な合理的配慮とは、一体どういうものか」についても触れたいと思います。

以上のような内容になりますので、発達障害の中身に関しては、かなり絞ってお話しします。

●発達障害3つのタイプ

いわゆる発達障害というのは「学習障害」「注意欠陥多動性障害」「高機能自閉症」の3種類が代表的です。

まずは「学習障害」です。Learning Disability の和訳でLDと言ったりします。聞く・話す・読む・書く・計算する・推論するという知的活動の中の一つ以上について、知的能力が低くないにもかかわらず著しく劣るという状況のことです。

聞く・話す・読む・書くは、教科では国語の領域の問題です。それから計算する・推論するというのは、算数数学の領域に入ります。

このような学習スキルの習得ができないと、読んで書くことを要求されるテストを受けることが難しいなど、学習全般に影響します。

次に「注意欠陥多動性障害」で、ＡＤＨＤ（Attention Deficit / Hyperactivity Disorder）と言います。

ＡＤＨＤには3タイプあります。一つは「多動性・衝動性優勢型」と言って、非常に動きが多くて順番を待っていられないとか、教室から飛び出してしまうとか、第三者から見ても比較的分かりやすいタイプです。二つ目は「不注意優勢型」と言って、ケアレスミスが多い、何かボーッとしているなどのタイプです。三つ目は「多動性・衝動性優勢型」と「不注意優勢型」の混合型です。これらは『コンサータ』や『ストラテラ』というお薬で、行動面が多少は改善する場合があります。

最後に「高機能自閉症」です。最近では自閉スペクトラム症、ＡＳＤ（Autism Spectrum Disorder）という呼び方になっています。

この方たちは人間関係が非常につくりにくいという特徴があります。また、こだわりが非常に強くて、例えば縦であるはずのモノが斜めになっていると、すぐに真っ直ぐになるように戻したりします。そして多くの場合、感覚の過敏性があります。電灯の光がまぶしいとか、雨が当たると痛いとか。シャワーも痛いと感じるのでプールに入れないなど、感覚過敏性がとてもひどい人もいます。こういう症状があるから自閉症と診断されているのではないか、と思うケースもあります。

2 すべての人が、自分の力を発揮するために

●障害者権利条約と合理的配慮

今日は特に、学習障害に焦点を絞ってお話ししたいと思っております。

ところで皆さんは「障害者権利条約」のことを知っていますか。

これは非常に大切な条約なので、この機会にぜひ覚えていただきたいと思います。

障害者権利条約というのは障害者の権利に関する条約であり、あらゆる障害（身体障害・

精神障害及び知的障害等）のある人の尊厳と権利を保障する人権条約です。

この条約はメキシコが提案して２００６年に国連総会で採択されました。日本は２００７年に、この条約に初めて署名しましたが、正式に批准するまではかなり時間をかけています。

条約に批准している国は１６５カ国（講演当時）ありますが、日本は２０１３年12月にやっと国会を通過して、２０１４年１月20日に国連で批准書寄託しています。世界では、大体１４１番目の批准です。

なぜ日本が批准するまで、こんなに時間がかかったのかというと、じつはこの権利条約の内容に合わせようとすると、とてもじゃないけど日本の法律の状況ではまだ無理という状態だったからです。批准するまでに学校教育法、障害者基本法、あるいは雇用に関する法律など、いろいろな法律を整備する必要がありました。国内法を整備してようやくこれが批准されたということになります。

●すべての人が自分の力を発揮するための取り組み

障害者権利条約第2条に「合理的配慮」というものがあります。「合理的配慮」とは「障害者が他の者と平等にすべての人権及び基本的自由を享有し、又は行使することを確保するための必要かつ適当な変更及び調整であって、特定の場合において必要とされるものであり、かつ、均衡を失した又は過度の負担を課さないものをいう」という文言になっております。

つまり、ある障害があるAさんという人にはこれくらいの配慮をしないといけません。Bさんであればこれくらい、Cさんになるとこれくらいですと、個別の状況に応じた配慮というものがこの合理的配慮ということになります。

2016年4月から、障害を理由とする差別の解消の推進に関する法律、別名「障害者差別解消法」が施行されています。

この法律は、障害者の差別の禁止をうたった法律です。例えば、障害があるからといってこの学校を受験してはいけませんなどと言ってはいけないわけです。国や地方公共団体、あるいは民間事業者などに、法的義務が課せられています。選抜試験の最終的な合否は分かりませんが、その人が受験をすること自体には最大限配慮するということになります。

ちなみに筑波大学では法律の施行前から、教室にベッドを持ち込んで肢体不自由の人が受験をするということをやっておりましたし、試験を受ける前から拒否することはないようになっています。

また、いわゆる「障害者差別解消法」では、先ほど申し上げた合理的配慮の不提供の禁止も規定されています。例えば、読み書きに障害のある学生さんが授業で使うプリント類の文字を拡大してコピーしてほしいと要望すると、それはできませんと断ることはできないのです。国、地方公共団体等は法的義務を課されています。

もちろん、もしかするとその訴え・要望というものが不適切かもしれないので、そのあたりは精査する必要があると思います。けれども国立大学も公立大学も、あるいは地域の公立の小中高等学校も、みんな合理的配慮を提供する法的義務が課されています。

民間事業者、私立大学や企業はまだ努力義務ということになっております。ただ、障害者権利条約を結んだのは国ですから、その国の中にいる私たちは、いくら法的義務が課されなくても努力をして、合理的配慮に積極的に取り組んでいくというのがとても重要になっていると思います。

●入試の特別措置とは

入試の特別措置についてお話ししましょう。すでに公立高校の入学試験では障害がある生徒に対する配慮を行っております。

例えば、学習障害や注意欠陥多動性障害などの子どもたちに対応し「出題文にルビ（ふりがな）を振る」など、いろいろなことをやっています。「面接試験での話し方」にも配慮がありますし、読んだり書いたりすることに時間がかかるので「時間の延長をする」など、さまざまな配慮をしてきているというのが現状です。

大学入試センター試験でも発達障害に対しては特別な措置を実施しています。診断書や現況・認知検査の結果などの書類を揃えなければならないのですが、これはお医者さんが用意するものです。

一方、状況報告・意見書は、高校側が書くものです。これには、試験時にどんなことを望むかを記載します。例えば「試験時間の延長」、マークシートをきれいに塗りつぶすことができなければ「チェック解答をする」、また「問題冊子の拡大コピーを用意してもらう」「注意事項を書いているページを文書で提示してもらう」、さらに「別室受験」という要望もあります。

申請の際には、高校できちんと配慮されていたという事実があるといいですね。高校において定期試験の時にいつも1・3倍は時間延長をしてもらっていたというような読み書きにおける配慮の事実があったなら、センター試験でもその要望は通りやすいです。また、個別の指導計画と個別の教育支援計画がつくられていて、学校の中で配慮されていたという事実があれば、さらにいいと思います。

入試という大事な場面で、ほかの子と同等にその子が自分の力を発揮した上で評価をしてもらうという状況にするために、こういう取り組みが必要になります。

●大学内でも実施されている発達障害の学生への配慮

大学入試センターが発達障害に関する配慮を始めたのは2011年からです。その年の希望者は95人で、その後は135人、150人というふうに増えていく傾向にあります。

入学後に大学の中でも、発達障害の学生については授業に配慮をしているというデータがあります。発達障害に特化しているデータを、日本学生支援機構が2012年に作成しています。支援内容を見てみると「チューター又はティーチングアシスタントの活用」「試験時間の延長・別室受験」「解答方法配慮」「注意事項等文書伝達」「使用教室配慮」「実技・実習配慮」「教室内座席配慮」「講義内録音許可」「休憩室の確保」などがあります。合理的配慮というのは、学習の内容を簡単にするということではありません。学習の内容にアクセスできるようにするということが大切なのです。

3 効果のある支援の方法

●国語プリントにもユニバーサルデザインを取り入れる

皆さんは「ユニバーサルデザイン」という言葉を聞いたことがありますか。

ユニバーサルデザインというのは「文化・言語・国籍の違い、老若男女といった差異・

障害・能力の如何を問わずに利用することができる施設・製品・情報の設計」という意味だったのですが、最近は文房具から公共情報、授業もユニバーサルデザイン化しましょう、という流れになっております。

では、ユニバーサルデザインの特徴とは、何でしょうか。

まずは「1 どんな人でも公平に使える（公平な利用）」ということです。公平に授業の中身にアクセスできたり、必要な情報がすぐに分かったりすることは、とても重要です。失敗しづらいものを提供するということになります。

ユニバーサルデザインは、このほかにも

2 使う上での柔軟性がある（利用における柔軟性）
3 使い方が簡単で自明である（単純で直感的な利用）
4 必要な情報がすぐに分かる（認知できる情報）
5 うっかりミスを許容できる（失敗に対する寛大さ）
6 身体への過度な負担を必要としない（少ない身体的な努力）
7 アクセスや利用のための十分な大きさと空間が確保されている（接近や利用のためのサイズと空間）

などの特徴があります。これら7つの特徴を頭に入れて、こうなるように講義や授業の中でも工夫していく必要があると思います。

例えば国語の試験のプリントを考えてみましょう。一般的には問題文が終わったら、次のところから設問に入ります。けれども、ユニバーサルデザインを取り入れて分かりやすくすると、上下2段の構成になります。上段に問題文があって下段に設問が書いてあると、上段の問題文を見ながら、回答することができます。このほうが分かりやすいのではないか、という話です。

この場合は2段組で、しかも行間を取って表記することがとても重要です。それから問題文を枠で囲むというちょっとした配慮があると親切です。また、文字の線の太さが違うと非常に読みづらいという子どもがいますので、ゴシック体のように同じ太さの書体を使うこともいいと思います。

問題文が文章の中に埋もれないように、目立つ書き方について工夫をすることも大切です。このほか「10字以内で答えなさい」という時に、解答欄に10文字分のマスをきちんと設けるなど、細かい配慮も重要です。

こんなふうに、プリント一つにしても工夫をすれば、障害があろうがなかろうが、とても分かりやすくて、間違いが防げるデザインに仕上がるやり方があるのです。

誰もがアクセスしやすい授業にすれば、個別に配慮しなければならないことは減ってきます。全体的な配慮がなされれば、Aさんならここを、Bさんならここをちょっと配慮すればいい、あとの人たちは特に個別に配慮する必要はない、ということになります。

授業もプリントも、ぜひ誰もが内容にアクセスしやすいユニバーサルデザイン化を真剣に考えてほしいなと思います。

●ＩＣＴを活用すれば、それぞれに適した教育環境を用意できる

最近はデジタル機器がとても便利になりました。文部科学省には情報課という部署があって、そこはＩＣＴ（Information and Communication Technology　情報通信技術）を利用することで、障害のある児童・生徒さんを通常クラスで一緒に授業を受けられるようにする、ということも考えております。

例えば聴覚障害の生徒がいたとします。聴覚障害なので先生の声を集音器で受け、ＩＣＴで増幅して聞けるようにしています。

それから発達障害における学習障害の生徒がいたとします。読んだり書いたりすることが困難なので、あらかじめ先生が言うことを文字で書いておく、あるいは記録するためのパソコンを1台持たせておきます。このように、子どもの様子に合わせた柔軟な対応ができるようにすることを考えているのです。

私たち筑波大学は発達障害のある子のためのＩＣＴ活用の手引きをつくりました。タブレットＰＣを導入するといっても、ｉＰａｄなどアップル社の製品以外にも、いろいろなタブレットがあります。私自身もタブレットを使った授業を実際にやってみましたが、すごくいいなと手応えを感じました。

例えばタブレットＰＣの利用については、すべての子どもが使う場合と、発達障害のある子どものみが使う場合があります。私はすべての子どもが必要に応じて使う場合がやり易いと思うのですが、発達障害のある子どものみが使う場合には、円滑な学級運営のためにも、きちんと周りのお子さんに状況を説明しないといけないと思います。

●不登校、帰国子女、外国籍…支援を支えるＩＣＴ

こうしたＩＣＴが活用できるのは、特別支援教育の場面だけではありません。筑波大学の附属学校は11校あり、私はこれらの支援教育推進委員会の委員長をやっています。

この委員会では、特別支援教育の対象となる子どもへの支援だけではなく、不登校や行動に偏りのある子どもへの支援、あるいは帰国子女や外国に繋がりのある子どもへの支援など、教育的なニーズのある子どもへの支援を考えるということで、「支援教育」と言い、あらゆる支援ニーズのある子どもへの支援をしております。

委員会には、コーディネーターさんとスクールカウンセラーさんにも出ていただいて、大学教員とチームを組んで、支援をしています。障害のある子だけではなく、このような支援の中でもＩＣＴは活用していけるのではないかと思っています。

●学習障害は知的障害とは違う

学習障害とはどういうものなのか、どんな状態であるのか、皆さんにご説明したいと思います。

学習障害というと、特別な印象を受けるかもしれません。自分はどうだろう？　ということも考えながら、聞いていただけると嬉しいです。

まず、ご理解いただきたいのは、学習障害というのは知的障害ではない、ということです。知的障害かどうかは大体、ＩＱ（知能指数）70ぐらいのところで判断しますが、知的障害ではない、つまり、それよりは知的能力が上にあり、通常の教育課程が適切となります。通常であれば知的能力に見合うような学力が身につくはずなのです。

ところが学習障害があると、知的能力に見合う学力が身につかないわけです。ここで「学力」と言っているのは、聞く・話す・読む・書く・計算する・推論するという6つの領域です。この中で、例えば読むことがとても苦手な子、計算することがとても苦手な子であるとすると、知的能力とこれらの学力との差異を測定して、それが統計的に有意かどうか標準化された検査で判断します。個人の性格とか環境の問題ではなく、個人の認知能力の

「何か」が学力を難しくさせているのだということを次に判断するわけです。

じつは、知的能力の中にはそれを構成するいくつかの「認知能力」があって、個々のバランスが悪いのです。

このバランスの悪さは誰もが持っているものですが、学習障害の場合はその「程度」が甚だしいのです。こういうことを測定するために、認知検査や習得検査があります。そういう検査を使って、実態を明らかにすることがものすごく重要になってきます。

学習障害のある人は、個々の認知能力がものすごくアンバランスです。平均すれば標準的な能力であったとしても、知識とかスキルの中にとても低い能力がある影響で、結果的には、いわゆる「お勉強ができない子」だと見られてしまいます。

でも、よくよく見ると、話すことは年齢相当だし普通範囲にできるのに、読めないし書けない。書けないけれど読める。読めないけれど書ける。計算はできるけれど数の概念がない。計算ができても文章題が解けない。聞いて覚えることができない。というように、学力にもアンバランスを感じさせます。そして全体的な知的能力が低いわけでもありません。

4 それぞれの学習スタイルを尊重する

●みんなが自分に適した学習スタイルを持っている

学習障害を中心に、発達障害をめぐるさまざまな状況をご案内しました。次に、子どもたちを支援・配慮する場面での「学習スタイル」というものを強調しておきたいと思います。

M・ヒュームはこう言っています。

「人は皆異なった学習スタイル（学習するときの環境、使いやすい感覚、処理様式）をもっている。私たちは、一人一人の子どもに彼らの好みの学習スタイルを使えるような機会を提供すること。そして、学習の異なるスタイルを使えるように授業のやり方には一定の幅を持たせることに気づくべきである」（Hughes, M. 2000）

将来に、皆さんは教壇に立つかもしれないし、幼稚園や保育園などで子どもに接する可能性があると思います。そういう時に一人ひとりの学習スタイルに合わせられるような授業のやり方を考えることが、とても重要だということです。

●5つのキーワード

皆さんには、勉強しやすい環境がありますか？

私は結構あります。学習スタイルを考えるときには「環境的・情緒的・社会的・身体的・心理的」の5つのキーワードがあります。

「環境的」とは物理的な環境を意味します。皆さんは、勉強をしやすいと思うときに音の環境はどうですか。全く音がない静かな所で勉強するのがいいのか、あるいはイヤホンで音楽を聴いているほうがいいのか、それとも生活音があるリビングみたいな所で勉強したほうがいいのか。この音の環境というのもそれぞれによって違っていると思います。

あかりも大切です。照明の種類によっても見やすさが違います。大体の人は、普通に使われている照明で大丈夫ですが、そうでない人もいます。私は橙色のような照明が好きではなくて、蛍光灯のほうが好みです。LED照明がダメという人もいます。

温度。これは想像がつくと思いますが自分が勉強するときに部屋の温度をどのくらいにしておくか。ものすごく暑い所では勉強をやりにくいと思いますし、寒い所でも多分やりにくいと思います。

設計。これは部屋の広さとか、どんな掲示物が貼ってあるとか、カーテンがどんなふうになっているかなどです。例えば、ＡＤＨＤのお子さんに個別指導をする際に、ものすごく大きな広い部屋であれば、注意がそれて落ち着きがなくなり、部屋の外にも飛び出してしまうかもしれません。やはり部屋の広さというものも、勉強しやすい環境にすごく関係があります。

●キーワードの２番目は「情緒的」

学習スタイルを考えるときのキーワードの２番目は「情緒的」です。動機づけ。これについて皆さんはどうでしょう。「勉強したらゲームを買ってもらえる」なんていう動機づけがあるかもしれません。「いい点数を取るとお母さんがニコッと笑ってくれる」というのも動機づけです。「何があれば自分はがんばれるのか」ということを考えるといいと思います。

持続性。これは、人によって長い短いがあるわけです。自分は15分しか集中できないと思ったら、15分経ったら休憩を入れる、あるいは15分国語の勉強をしたら次は数学の勉強をやるなど、自分の集中力に合わせてどんなふうに勉強すればいいかを考えるのが良いと思います。

次に責任。強調したいのは「子どもに責任を持たせると非常にやる気になる」ということです。「僕は学級委員長に選ばれました。学級委員長になったんだから、ここはちゃんとやらなきゃね。勉強もしなきゃね」というふうに、責任を持たせることはとても有効です。

構造化。構造秩序の内容は「子どもにやらなければいけないことを提示するときに、一つだけ提示するのではなくて、選択肢を設けるといい」というものです。

例えば「今から私は出かけるから掃除をしておいてね」と言うのではなく、「今から出かけるから、掃除をするか買い物をするか洗濯物を畳むか、どれかやっておいてくれる?」と言うと、その中から選べます。このように選択肢を設けると、子どもにとってモチベーションアップになるということです。

●キーワード「社会的」「身体的」「心理的」

続くキーワードは「社会的」です。ある勉強をする時に仲間がいたほうがいいのか、自分一人でやったほうがいいのか、2人組がいいのか、チームがいいのかというものです。周りの人の環境をちょっと変えるだけで、勉強内容がスムーズに学習できる場合があり得るということです。

さて、最後は「身体的・心理的」ということで、個人の持っているもの、個人特有のものです。

「身体的」の中でも注目したいのが知覚です。知覚というより感覚といったほうがいいかもしれません。情報が目から入ったほうがいいのか、耳から入ったほうがいいのか。それとも指先や体など体性感覚から入ったほうがいいのかという問題です。

それから心理。最近では「継次処理（※1）」と「同時処理（※2）」という用語を使いますが、そのどちらが得意なのかということを考えるようになっています。

（※1）継次処理優位な学習者は、一つずつの情報を時間的に系列的に処理することにより学習しやすい。

（※2）同時処理優位な学習者は、複数の情報を同時的・全体的に処理することにより学習しやすい。

●大切なのは、相手にとって快適な学習環境を理解すること

どんな勉強でも、自分がやりやすい学習スタイルというものがあると思います。そして、人によって快適な学習スタイルがあるという事実は、とても重要なことです。自分のやり方と、相手が情報をキャッチしやすいやり方は違うかもしれないということを考えなければいけません。特に学習障害のように、認知能力が非常にアンバランスなお子さんは、苦手なやり方でインプットされた情報は、処理することが非常に難しいのです。

●得意な学習スタイルに合わせて情報を提供する

学習障害にはいろいろなタイプがあります。

例えば視覚優位な学習者の場合、見ることによって学習がしやすいという状況にあるわけです。そのような子どもさんに対しては、子どもの視線に注意して視線の高さで指導者が体を動かして見せる、ビデオ・スライド・図など何らかの視覚的な情報を使う、あるいは本の文字情報や絵の情報を見せる機会を持つことが大事になってきます。

一方、聴覚優位な学習者は聞くことによって学習がしやすいので、耳からいろいろな情報を入れたほうがいいということです。

体感覚からの入力や体を動かすことにより学習しやすいという学習者の場合は、歩いたりつくったり言ったりという、具体的に活動する学習を入れることが重要です。

文字を覚えるときにカルタを使ったとします。視覚優位な学習者に対しては学びやすい刺激になっていますが、聴覚優位、つまり視覚が苦手なお子さんは、カルタの絵の背景情報が妨害刺激になって分かりづらいのです。そういう場合は、カルタの絵の空間配置を言語化して、読んで情報を伝えるのです。

また、体感覚・運動優位な学習者には、例えば浅い容器に砂を入れて、その砂の上に文字を書いてもらいます。視覚認知が非常に弱く英単語のつづりを書くことが苦手であれば「ａｕ、ａとｕ、ａｕというのは[ɔː](オー)と読む」と言いながら砂の上に大きく文字を書きます。つまり、体の一部を使うことで文字を覚えるのです。

もう一つ注目すべきは「心理」の中で、入力された情報を処理するときのタイプです。一つずつの情報を時間的に系列的に処理するほうがいいタイプ（継次処理優位な学習者）と、複数の情報を同時的・全体的に処理することによって学習しやすいタイプ（同時処理優位な学習者）があります。

そうした特質の違いを活かして、こんなキーワードで教えると良いという「教え方の原則」が、アメリカのアラン・S・カウフマン博士によって示されています。

例えば1日のスケジュールについて、上から順番に書かれているほうが分かりやすい場合と、空間の中で動線を示されたほうがいい場合。何かを作るときに、一つずつ順序立てて作業内容を示されたほうがいい場合と、最初と最後が分かれば順番はどうでもいいという場合。学習者に合わせてさまざまなケースがあります。

さまざまなやり方を導入したりして、あらゆる感覚に訴えることができれば、前述のユニバーサルデザインでまかなえる部分が増えて、個々への配慮はより少なくて済むと思います。

●最初から100%を求めない

皆さんがこれから社会人になっていくときには、セルフモニタリング力、それから自分に合った問題解決力、自己コントロール力などを身につけて、社会に巣立っていってほしいと思っております。

発達障害というのは発達や認知の能力に偏りやアンバランスがあります。それが「生きにくさ」に繋がっていますが、弱い能力、強い能力、得手不得手というのは誰にでもあることです。それが極端にある場合を発達障害と言いますけれども、基本的には連続線上にあります。障害のあるなしにかかわらず、人はみな得意な部分、強い能力を活かせるようになってほしいと思います。そのためにも「得意を活かすことで生きにくさを支援する」ということが教育する側に求められる、大切なことではないかと思います。

特別支援教育についてはいろいろなことが言われていますが、これは一人で解決するのではなく、周りの人と共同で行うことです。そして、教育的支援についても最初から100%を求めると大変ですので、100%を求めない、できるところからとりかかる。そういう姿勢が、じつはとても大切なのだと思っています。

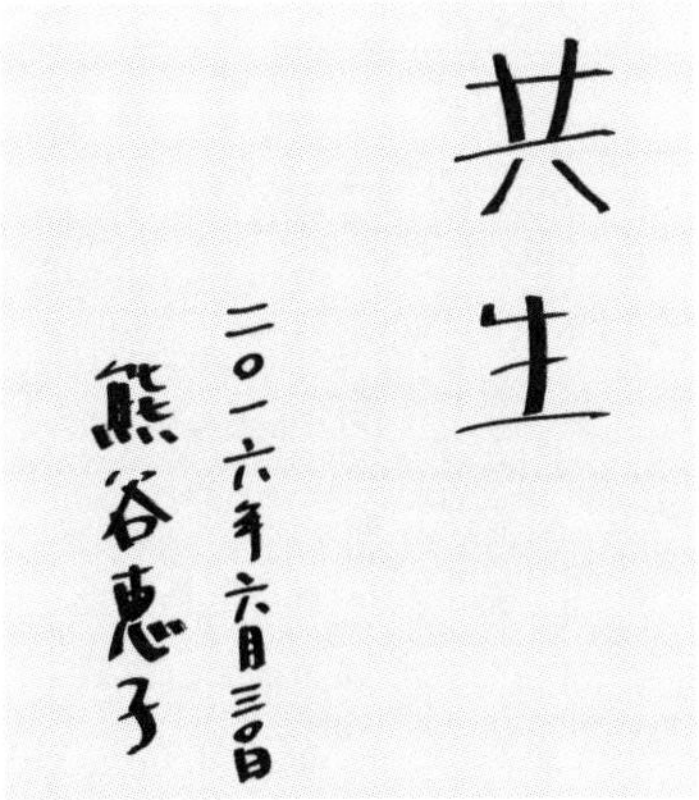

2016年6月30日講演
熊谷恵子氏

徳島文理大学・
徳島キャンパス

5-1 鼎談

発達障害は、なぜこんなに増えたのか

熊谷恵子
筑波大学人間系 教授

黒澤良輔
徳島文理大学人間生活学部長・
心理学科・大学院心理学専攻 教授

桐野 豊
徳島文理大学・
徳島文理大学短期大学部 学長

●社会が許容性を失っている

黒澤　熊谷先生の豊富なご経験に基づいた示唆に富んだお話をしていただき、大変ありがとうございました。少し、今日のお話とは異なる観点の質問になってしまいますが、熊谷先生は、発達障害の人々が近年なぜこんなに増えたのかについては、どのようにお考えでしょうか。

最近読んだ論文の中で、我々の社会自体がむしろ許容性を失い、発達障害の人たちをあぶり出してしまっているのではないかということを書いたものがありましたが、そういう社会のありようの問題もあるのではないでしょうか。

　熊谷先生は国内外で多くの研究をされていますが、私自身は国連職員としてローマで生活したことがあります。その時に「心の豊かさ」というものが、欧州と日本とは違うのではないかという印象を強く持ちました。そうした社会のありようと発達障害との関連について、ぜひ伺いたいと思います。

熊谷　そうですね。今は技術的なことも含めて社会がずいぶん変わってきました。ｉＰｈｏｎｅをはじめ、デジタル機器もいろいろな物ができています。今はどこにいても誰とでも交信することができるようになっています。

熊谷恵子氏

　それだけではないのですが、いろいろな技術革新が起こってきて、昔だったら熟練の職人さんが携わって人間の力でやらなければいけないところを、機械が取って代わっています。いろいろな障害のある人たちを見てきましたが、就ける仕事の種類がすごく狭《せば》まってしまったという気がし

黒澤良輔氏

ております。

一方で、いざ働くとなると、ものすごくコミュニケーション能力を求められます。会話する力がないと、なかなかやっていけません。

私が相談に乗ってきた方の中に、難関大学を卒業して大企業に入社した方がいるのですが、電話応対ができずにうつになって休職した方がいます。こんな時代だからこそ、自分を理解しておくことがものすごく重要だと思っています。

文化的な豊かさというのは確かにヨーロッパとはずいぶん違っていると思います。日本はあくせくしていますね。私がイギリスで生活していた時には、日曜労働に関する規制があって、日曜日はお店もやっていない状況でした。そのぐらい徹底しないとあまりにも時間がありません。でも、実際に日本でヨーロッパのようなスタイルが実現することは、無理なのではないかとも思っています。

●発達障害は先天的なもの

桐野　会場から質問が届いていますので、いくつかご紹介したいと思います。「発達障害は環境の影響、生活習慣などの影響を受けるのでしょうか」

熊谷　発達障害は先天的なものです。ただ、環境が変わることによって現れ方が全く違ってくるので、ものすごくストレスのある状況になると、やはりとても大変だと思います。

一方で「人は誰でも違っていて当たり前だよね」という考えを持つ人たちの中で過ごせば、何ら障害ということを意識せずにいられるかもしれません。

桐野 豊

桐野　もう一つの質問です。「国によって障害者の支援の仕方にレベルの違いがあるのでしょうか。障害者の支援が進んでいる国について教えてください」

熊谷　いわゆる読み書き障害は、英語圏の人たちには結構あります。文部科学省の調べによると日本では4・5％なのですが、英語圏では10％ぐらいの方に読み書き障害がありますから、あって当然みたいな感じなのです。そういうところは日本とは違います。日本はやっと障害者差別解消法が施行され、支援しようという機運が高まってはきましたが、例えばアメリカでもイギリスでも文章にルビを付けるというくらいの支援は当たり前なのです。

また、障害があるということを隠しません。障害はアメリカでは手厚く支援されます。どうしてそうなるかと言うと、日本ではそういう言い方を良しとしない人がいるかもしれませんが、要は働く力があるのに学習することが苦手だった場合には、支援をして訓練すれば良いタックスペイヤー（納税者）になる、と考えるからなのです。働く力があるのに、ニートみたいな形になってしまうともったいないということで、アメリカは露骨に「良いタックスペイヤーを育てる」と言って支援しております。

アメリカは学習障害などに手厚いのです。ところが、知的に非常に重度の障害となると、日本のほうがマニュアルづくりなどの点で進んでいると思います。

●日本の良さを活かしながら支援する

桐野　障害と捉えるか個性と捉えるか。個人の生活に問題がなければ障害ではなく、いろいろな問題が出てくると障害と捉えるということでよいのでしょうか。

熊谷　はい、そうですね。私も今の専攻に行くまでは障害者だとか健常者だとかを自分で区別していたわけではなく、今もその考えは変わりません。

ただ、ものすごく大変な状況にある障害者の方はいらっしゃいますので、その人たちを障害者だと区別して「こういう支援をつくります」というやり方をしないと、なかなか支援が制度化できません。

障害者だと判定するかどうかについては、微妙なところがあります。こういう制度を使うからには、障害者と診断されたほうが生活する面ではいい、という場合がありますから制度を利用しなければ、生活するのが本当に難しい人はいるのです。

桐野　ケースバイケースで対処しなければいけないということでしょうか。

熊谷　そうです。どういうふうに人を評価するかは、非常に大変だし大切な問題だと思っております。アインシュタイン、トム・クルーズ、スピルバーグ監督もそうだと言われていますが、歴史をつくってきた有名な人たちの中に発達障害の方は多いように思います。

桐野　徳島文理大学には音楽学部に音楽療法コースがあるのですが、こういう音楽療法は、発達障害あるいは学習障害に有効性があるのでしょうか。

熊谷　私は音楽療法に詳しくないので、もしかしたら間違っているかもしれませんが、先ほど申し上げたような聴覚優位な学習者にとっては良いかもしれません。発達障害を持っていることは、自分では分かっているのにできないという、ものすごくストレスがかかる状況にあるので、そのストレスを音楽で癒してあげることもできるかなと思います。

音楽自体で、例えば漢字を覚えるなどの学習に直接関与できるかというと、そうではないかもしれないという気がします。

●発達障害を本人に告知したケース

桐野　発達障害あるいは学習障害の子どもに対して先生が支援された中で、最も印象に残っているエピソードをお話しいただけないでしょうか。

熊谷　3歳でアスペルガー症候群と診断された子がいました。私が出会ったのは、そのお子さんが中学生になってからです。親御さんがそのような診断名を学校には隠していたのですが、ご本人は小学校でとてもひどいイジメを受けていました。

私が関係する中学校に入学してきた1年生の時にも、大変なことがあったのです。学力的にはものすごく高いのですが、授業を聞いている時に体を前後に揺らしてしまうのです。すると「あいつは性的な変な行為をしている」と言われたり。そういう状況で不登校傾向になって、私がかかわることになりました。

クラス替えをする時に、この子をあからさまに非難する子とは別のクラスにしようとか、そんなことを話し合いながらやってきて、何とか高校に進学しました。高校生になると周りの子どもも「自分と違っていてもいいや」という認識の仕方ができるようになったので、「高校に行ってから楽になりました」と本人は言っていました。

ところが修学旅行の前に、その子と同じ班になりたくないというようなことが陰で言われたものですから、担任の先生が話をしたいということで、周りの生徒たちに告知をしました。その時も、私がかかわることになりました。

まず先生に文面をつくってもらい、保護者と本人に「こういうふうに言うけど、どうでしょう」と見てもらってから、実際に生徒たちに話しました。それで修学旅行はバッチリうまくいったのです。

周りの子に話すとき、担任の先生がどういう言葉を使って、どんなふうに説明するのかは難しい問題です。本人は「表情から感情が読み取りにくい」ので、担任の先生は周りの生徒に「もし嫌なことがあったら言葉で伝えてね」などと説明しました。

いろいろな手順を踏んで周りの人や本人にも知らせたというこのケースは、やはり印象に残っています。

桐野 貴重な経験をお話しいただき、ありがとうございます。

黒澤 発達障害は決して非行に結び付きやすいわけではないというのが通説ですが、私自身はある発達障害を有する少年がお父さんを刺したという事案を経験したことがあります。そうした事案の背景を見ると、親は子どもに発達障害があっても、なかなかその特性を認め理解することができません。そして親の情として、厳しくしつけをすれば何とかなるのではないかと誤解しがちで、結局親子間のストレスが高まるという事案があるような気がします。今日の先生のお話を伺い、発達障害の特性をよく理解して対応していくことの大切さがよく理解できました。大変ありがとうございました。

徳島文理大学・香川キャンパス

5-2 鼎談

「すべての人が生きやすい社会」をつくるために

熊谷恵子
筑波大学人間系 教授

原田耕太郎
徳島文理大学文学部 准教授

桐野 豊
徳島文理大学・徳島文理大学短期大学部 学長

●課題は「学習支援」と「居場所づくり」

原田 一人ひとりのことをよく知って、その人に合わせていくことは必要だと思いますが、実際のところ「支援する側はどこまでがんばらないといけないか？」という線引きが難しいです。具体的に対応しなくてはいけない場面が個別に出てきますので「この場合は、どうすればいいのか」が分からないこともあります。

ただ、障害がある人もない人も、等しく生きやすく楽しい社会をつくりたいという願いは変わりません。障害がある人は生きづらさを抱えていますから、そこをどんなふうにして解決していけるのか、皆さんと一緒に考えていけたらと思います。

例えば大学生活について考えたとき、障害のある人への配慮の種類というのは二つあると思うのです。勉強をやらなければいけないという部分と、大学生活をエンジョイしなければいけない、この2点です。

熊谷恵子氏

勉強について考えると、例えば読むのが苦手な人は音で聞く、講義を録音する、時と場合によってはスライドを撮影してもいいと許可するなどです。学習の困難さを軽減する方法としては、そんなことが考えられると思います。

でも困るのはもう一つの「大学生活をエンジョイ」のほうです。私がいちばん困っているのは学生たちの居場所づくりです。

大学生活がつらくなるのは「友だちがいなくて孤独を感じるから」というケースが多いです。学習上の配慮は、例えば試験のときに時間をちょっと延ばすというようなことは学校がやればいいわけです。これが学校に課された努力義務のはずなのです。

けれども居場所づくりとなると、学生の皆さんに協力してもらわなければいけません。もちろん我々もサポート体制を取りますが、普段の生活は学生の皆さんと一緒にするわけですから、学生の皆さんがハンディキャップを持っている方に対して、どのようにかかわっていくのかを考えてもらいたいわけです。

また、支援を受ける側としても、障害によるトラブルをできるだけ減らすためにトレーニングをすることが必要かもしれません。よく言われるソーシャルスキルトレーニング（対人関係に関するトレーニング）を徹底的にやるという考え方が一つのアプローチ。もう一つは、本人にとってソーシャルスキルを身につけることは非常に難しいことなので、申し訳ないけれど、あるがままを認めてくれないかというパターンです。

原田耕太郎氏

●ソーシャルスキルトレーニングの必要性

熊谷　障害というのはトレーニングすれば何とかなるというものではありません。

桐野 豊

低い能力を何とかしようとするよりも、高い能力を利用しようというアプローチをしなければ、教えるほうも本人も苦しいのです。本人からすれば「何で僕はこんなにできないんだろう」とばかり思い知らされることになります。やはり長所を活用する、高い力を活用するということがとても重要です。

一方で「自閉症のお子さんに対して、苦手なソーシャルスキルトレーニングを行うことはどうなの？」と思われると思いますが、人付き合いに関しては「こういう場合にはこうする」というやり方をたくさん学んでいくことはとても重要です。ですから、それを訓練を通じて身につけることが必要になってきます。

私たちが行っているソーシャルスキルトレーニングのグループには、小学生のグループと中高生のグループと成人のグループがあって、どのグループもみんな出席率がとてもいいのです。どうしてかと言うと、ある種の「居場所」になっているからです。そこに来ると自分のことを本音で話すことができるし、自分を理解してくれます。また、自分と同じような体験をしている人がいることで、皆さんの仲がいいし非常に出席率もいいという状況です。

ですから先生も言われたように、仲間づくりというか居場所づくりはものすごく大切だと思います。それが自然にできると、とてもいいなと思います。学生さんたちと、どのような場所をつくれば気兼ねなく自分のことを伝えられる場所になるのか話し合ってみるのはどうでしょう。その場所は大学によって違ってくるかもしれないと思っています。

●発達障害という認識がない場合の支援の在り方

原田　もう一つ、合理的配慮の問題についてうかがいたいのですが、合理的配慮の中身というのは、一人ひとり違います。そうするとハンディキャップがある人に「私はここが苦手なのでこういう支援をしてほしい」「こういう配慮をしてほしい」と言ってもらえると、ものすごくスムーズに進みます。
けれども現実を考えてみると、自分が発達障害であることすら認識していない場合があります。よって、どう支援すればいいのかというときにアセスメント（評価、査定）からやらなければならなくなって、ものすごく時間がかかるという問題があります。
また、周囲からは「ちょっと配慮が必要な人」と思われているけれど、本人がどう思っているのか分からなくて、かかわりづらいという問題も起きています。これらは結構な数の方がいて、発達障害そのものの認識がない、考えたこともないというケースが多いと感じています。

典型的なものは発達障害があるために中学生の時にいじめられて、その後遺症でなかなか人とうまくかかわれなくなっていったというケースです。ハンディキャップがある方はいじめられやすい傾向があります。本人には自覚がなくても、よく見ると発達障害かもしれないと思うところも結構あるわけです。このようなケースに対してどのようにアプローチしていけばいいか、熊谷先生にヒントをいただければと思います。

熊谷　筑波大学では自分から申し出ないと支援は得られません。それは欧米の大学でも同じで「自分はディスレクシア（難読症）です」などと自ら言ってこない限り、支援は受け付けないというようになっています。

自分が認識しない状態のときに余計なお世話をしないことにしているのです。そうは言っても、周りから見てちょっと大変だろうなと思うときには、声をかけてあげるほうがいいと思います。
最近は小学校・中学校で学校の中の先生だけではなくて、外部から巡回相談員という先生が来るようになっています。教員がその子や親に対して直接言いづらいときに、利害関係のない巡回相談員の先生に言ってもらうこともできます。例えば白衣を着ている人から言われると「ああそうですか」と、受け止めやすくなります。いろいろな立場を利用しながら、その人の状態を本人や保護者に伝えていくということが大切だと思います。

●障害を表明することは、損なのか

桐野　会場からも質問が届いています。「試験や就職のとき、試験を実施する側、採用する側では、どんな配慮が必要なのでしょうか。障害者であることが分かっていないと配慮ができないのであれば、診断を受けるなどして障害者であるということが顕《あら》わになって、それから配慮するという流れでしょうか」

熊谷　基本的にはそうですが、文部科学省としては診断書がなくても必要だと思えば積極的にやってくださいと言っています。

桐野　社会に差別がなければ、自分が障害者であるということを認めたほうが、支援を受けて助けられることがある。しかし、それを顕わにするとかえって差別を受けるということになれば、秘密にしておこうとなる。日本は前者に向かっていこうとしているということでしょうか。

熊谷　そうですね。今までは障害があることを公言しても何も支援が得られない。得られるように配慮することは人間的には必要なのだけれど、法律的な後ろ盾が全くなかったので、障害があると伝えることを躊躇《ちゅうちょ》してしまうわけです。

だけど、これからは障害者差別解消法が成立して施行されているので「障害があるのでこういうところを何とかしてください」と言われた場合に、国や企業は考えなくてはいけないわけです。もちろん考えるだけじゃなくて、その人に対して適切に対応していくということが求められますので、言うと損するというようなレベルからは一段抜けたと思います。

けれど、皆さんがそういう意識になっているかというと、まだそうではないところがあると思います。障害者権利条約も結んだし、そんなことじゃいけないんだという意識が広がってほしいと思います。「みんな違うけれど、違っているから楽しいんだよ」ということを肝に銘じて、障害について知らない人たちに伝えていってほしいと思います。

原田　そうですね。発達障害というのは、本当に外からは見えない。ちょっと偏っているな、ちょっと変わっているなくらいのものもあるのです。変わっている度合いがやや極端だとしても、その違いをある程度は許容してほしいと思います。いちいち指摘したり遠ざけたりというのは、やはり違うと思います。

人というのは違って当たり前。そこから始めてもらったほうがいいのかなと思います。

●健常者と障害者を連続的に考える

桐野　健常者と障害者を線引きするなどということは難しくて、これらは「連続的」だというお話がありました。個性が非常に強いことで支障が出たり、学習や生活に支障があったりすれば障害になってしまうわけです。

しかし、個性は誰にでもあるものです。いろいろな個性の人がいるという前提で、うまく社会に適合できない方を障害と認めて支援していく。健常者と障害者を分けて考えるのではなく連続的に考える。私はそれが非常に重要なことではないかと思ったのですが、そういう考えでよろしいでしょうか。

熊谷　そういうふうに捉えていただきたいです。誰もが自分の得手不得手を認識することがとても重要ですし、自分の勉強しやすい環境なども頭に入れながら、なおかつどういう感覚や処理様式を使っていけばいいのか、情報の提示の仕方などを応用していただけると有り難いと思います。

桐野　もう一つ。合理的配慮の基礎ということで、ユニバーサルデザインという言葉が出てきました。私は全く知らないのですが、障害者の支援とユニバーサルデザインはどう繋がるのでしょうか。

熊谷　じつは合理的配慮の前に、基礎的環境整備を行うことを文部科学省は示しております。この中に授業のユニバーサルデザインというものが明確に指示されているわけではないのです。合理的配慮として「授業内容をカメラなどで撮影して良い」などと言う前に、もっと全体的に整備するところがあるのではないか、とお伝えしたかったのです。

ユニバーサルデザインの原則を踏まえ、どんな人が受けても分かる授業にして全体に共通する環境整備をきちんとやった上で、個々の合理的配慮というものを考えてください、ということです。

私が大学生の時、数学の先生が微分方程式をずっと黒板に書いて何も説明しないで終わりという授業がありました。そういうのではなくて、書いて説明して、しかも問題をやるとか、いろいろな感覚が使えるように授業をやって、内容を伝えてほしいと思ったことがあるのです。授業でいろいろな感覚に訴えかけられるようにすれば、合理的配慮についても、個別に配慮するというようなところはそんなにたくさん設けなくてもいいのではないか。そんなことを申し上げました。

原田 「連続的」という言葉が出ていましたし、障害かどうかというのはじつは非常に曖昧なところがあるというお話もありました。そこから考えると、いわゆる障害というほうに分類されている人たちが生きやすい世界というのは、我々にとっても多分生きやすいはずです。

ちょっと変わっているなと言われる人でも、基本的に心の働きのシステムは同じだし、感じていることも同じ。ただそれをうまく表現できなかったりするんだろうな、と思っていただければ。必要な人に少しだけ気配りをしながら接してもらえたら、きっと生きやすい世界になると思っております。

おわりに

5人の講師の講義の中で、特に編者の心に強く残った点を述べてみます。

第1講座の三砂先生は、公衆衛生学、中でも、母子保健学を専門とし、また、世界各国の人間を深く観察した経験に立って、行政が行うべきことと、個人が幸せな人生を追求することとは別物と説かれました。少子化対策がもっぱら保育所をつくることになっている現状は、真の少子化対策につながらないと述べ、人の動物としての自然な欲求を現代社会の抑圧から解放し、本来備わっている結婚・妊娠・出産という行為から得られる喜び・快楽を追求することが重要であると説かれました。

第2講座の吉田先生は、特許権、実用新案、意匠権、商標権、著作権など知的財産権がどのようにして生まれるのか、豊富な実例を示しながら、説明されました。そして、知的財産権を活用して未来を切り開くという夢にチャレンジせよと学生を激励・鼓舞し、さらには、地方創生の方策についても提言されました。

第3講座の橋本先生は、日本国憲法の改正が話題になっている現在、まず憲法に関する基礎知識を知ることの重要性を述べられました。そして、民主主義、自由主義、立憲主義という言葉の正確な意味と背景について、わかりやすく説明して下さいました。中でも基本的人権、及び、国家と個人の関係、選挙制度について述べられ、我々一人ひとりの基本的人権を守る努力の大切さを説かれました。

第4講座の花井先生は、血友病患者として薬害エイズの被害者となった体験に基づき、日本の医療制度や医薬品開発の過去と現在について、また、エイズ患者への差別と偏見の奥にある真の社会的問題について、述べられました。そして医療の在り方は、政府や医療の専門家に任せるということではなく、国民一人ひとりが適切な医療を受けることは基本的人権の一つであることを認識し、正しい情報を得て、発言していくことが重要と説かれました。

第5講座の熊谷先生は、専門的知識と大学の教育相談室における豊富な体験に基づき、発達障害の様々な側面について説明されました。そして、関連する法律（国連の「障害者権利条約」に沿って、学校教育法の改正等、国内法が整備されて、2016年4月に、「障害者差別解消法」が施行されたこと）について述べられました。これにより、教育者には、障害者に対する合理的な配慮が求められることとなりましたが、ユニバーサルデザインを取り入れることが有用であると説かれました。

5つの講座すべてに、サステナビリティ、人の本来的能力と基本的人権、国家や法と個人の生き方、というキーワードが通底していたと思います。

ご講演いただいた講師の先生方、及び、講義後にコメンテーターとして講師とディスカッションを行う中で、講義の理解を一層深めてくださった、福島道子教授、多田哲生教授、西川政善教授、千田彰一教授、黒澤良輔教授、及び、原田耕太郎准教授に深甚なる謝意を表します。

最後に、本講座の企画及び本書の製作に多大なご尽力いただいた、姫野誠一郎教授、竹村文宏教授、藤田義彦教授、および、水野貴之准教授と公開講座実行委員会の皆様に深甚なる感謝の意を表します。また、株式会社あわわの山本正代氏の辛抱強くて適切な働き無くては本書の完成はなかったと思います。心より御礼申し上げます。

桐野　豊

講師紹介

［徳島文理大学公開講座Vol. 10］

三砂 ちづる

津田塾大学国際関係学科 教授

経歴：1958年山口県光市生まれ。兵庫県西宮市で育つ。疫学者・作家。京都薬科大学・神戸大学経済学部卒、ロンドン大学PhD.（疫学）。ロンドン大学衛生熱帯医学校研究員、JICA疫学専門家として約15年海外で研究・国際協力活動に従事。国立公衆衛生院（現 国立保健医療科学院）疫学部応用疫学室長を経て、現在津田塾大学国際関係学科教授。専門は母子保健分野の疫学。

著書：『疫学への招待』（医学書院）、『コミットメントの力』（NTT出版）、『オニババ化する女たち』（光文社新書）

共著：『身体知 身体が数えてくれること』（内田樹氏　講談社文庫）、『女は毎月生まれかわる』（高岡英夫氏 ビジネス社）、『女子学生、渡辺京二に会いに行く』（渡辺京二氏　文春文庫）

編著：『赤ちゃんにおむつはいらない』（勁草書房）

吉田 芳春

吉田国際特許事務所 所長
弁理士

経歴：1947年北海道生まれ。1970年日本大学法学部法律学科卒業。1976年弁理士登録。1996年から中小企業大学校講師、2004年弁理士会副会長、2004年から北見工業大学客員教授、2007年から財務省知的財産侵害物品取締専門委員。

著書：『日米欧警告マーク集（監修）』（PHP研究所）、『中小企業における特許戦略の成功例・失敗例』（中小企業基盤整備機構)、『会社財産の管理運用税務（共著）』（新日本法規出版）、『中堅中小企業向け特許管理業務完全マニュアル』（アーバンプロデュース)、『グローバル時代の知的財産権活用戦略』（商工中金経済研究所)、『海外知財訴訟リスク対策マニュアル（編集）』（特許庁）

橋本 基弘

中央大学 副学長　法学部 教授

経歴：1989年中央大学大学院法学研究科博士後期課程単位取得（博士・法学）。専門は公法学。高知女子大学（現 高知県立大学）専任講師、助教授、教授を経て、2004年から中央大学法学部教授。2009年から2013年法学部長、理事を経て2014年から現職。日野市情報公開個人情報保護審査会会長、八王子市情報公開・個人情報保護審議会会長。

著書：『日本国憲法を学ぶ』（中央経済社）、『憲法の基礎』（北樹出版）、『近代憲法における団体と個人』（不磨書房）『プチゼミ〈1〉憲法（人権）』（法学書院）

共著：『よくわかる地方自治法』（ミネルヴァ書房）

花井 十伍

特定非営利活動法人 ネットワーク《医療と人権》理事

経歴：1962年長野県生まれ。同年血友病と診断され、血液製剤のない時代からクリオプレシピテート製剤、濃縮製剤へと血液製剤の技術革新を体験しながら育つ。輸入血液製剤によりHIVに感染。1994年大阪HIV薬害訴訟原告団加入。1996年より、血友病患者、血液製剤由来のHIV感染者のケア・サポートを目的としたNGO「ケアーズ」に加入。1997年から大阪HIV薬害訴訟原告団代表。1998年中央薬事審議会企画制度特別部会臨時委員、2002年「血液製剤の製造体制のあり方に関する検討会」委員。1999年から「全国薬害被害者団体連絡協議会」代表世話人。2000年「ネットワーク医療と人権〈MERS〉」設立、同年から理事。2011年には中央社会保険医療協議会委員など、さまざまな委員会でも活躍している。

著書：『輸入血液製剤によるHIV感染問題調査研究報告書』（輸入血液製剤によるHIV感染問題調査研究委員会 編 特定非営利活動法人ネットワーク医療と人権）、『薬害が消される!』（全国薬害被害者団体連絡協議会 編 さいろ社）

熊谷 恵子

筑波大学人間系 教授

経歴：九州大学理学部化学科卒業。株式会社スペシアルレファレンスラボラトリー、新技術開発事業団「水野バイオホロニクスプロジェクト」などを経て、筑波大学大学院修士課程教育研究科障害児教育専攻修了。筑波大学大学院博士課程心身障害学研究科（単位取得退学）。筑波大学 助手、講師、助教授、准教授、教授と現在に至る。

著書・編著：『学習障害児の算数困難』（多賀出版）、『先生のためのスクールカウンセラー200%活用術』（図書文化社）、『長所活用型指導で子どもが変わる』（図書文化社）

翻訳：『LD児の英語指導―ヒッキーの多感覚学習法』（北大路書房 ）、『アーレンシンドローム「色を通して読む」光の感受性障害の理解と対応』（金子書房）

分担執筆：『学校心理士－理論と実践』、『総説臨床心理学』、『発達臨床教育相談マニュアル』

講座掲載順。肩書き等は、講演当時のものを参考に記載しております。

編者紹介

桐野 豊 (きりの・ゆたか)

◎一 愛媛県生まれ。東京大学薬学部卒業。1972年同大学大学院薬学系研究科博士課程修了。米国カーネギーメロン大学博士研究員、東京大学薬学部助手、助教授などを経て、85年九州大学薬学部教授、93年東京大学薬学部教授、2001年同大学薬学部長・大学院薬学系研究科長、05年同大学理事・副学長。06年より徳島文理大学学長。専門は「神経生物物理学」、とくに「学習・記憶のメカニズムの解明」。所属学会はレギュラトリーサイエンス学会（前理事長）、薬学会、生物物理学会、神経化学会、神経科学学会、生化学会、Society for Neuroscience, Alzheimer's Association。

◎一薬学教育評価機構理事、日本私立薬科大学協会理事、徳島県文化振興財団評議員、かがわ産業支援財団「技術開発等審査委員会」委員長、NPO法人「へき地とあゆむ薬剤師」理事などを務める。大学の使命である「教育・研究・地域連携」の統合的推進に同僚とともに邁進中。

知得流儀
－シメイ－

2017年4月20日　第1刷発行
編者　　桐野　豊
発行者　山岡景一郎
発行所　株式会社白川書院
■烏丸オフィス（編集・営業）
〒602-8011 京都市上京区烏丸通下立売上ル桜鶴円町375
TEL.075-406-0011 FAX.075-406-0022
■本社
〒606-8221京都市左京区田中西樋ノ口町90
TEL. 075-781-3980 FAX. 075-781-1581
振替口座: 01060-1-922
http://www.gekkan-kyoto.net/

制作　　株式会社あわわ
印刷所　株式会社アルファ・システムズ

定価はカバーに表示しています。

乱丁・落丁は小社にてお取り替えいたします。

ISBN978-4-7867-0077-4　C0030

【知得流儀シリーズ】

公開講座から学ぶ 知得流儀

徳島文理大学で実施した公開講座の内容を編集。それぞれの分野のスペシャリストによる思考、表現、話題・流儀は、知って得する楽しい情報であり、全国にも通用する課題解決のヒントとなる。

徳島文理大学・
徳島文理大学短期大学部 学長
桐野 豊 編

「知得流儀 ハッシン」

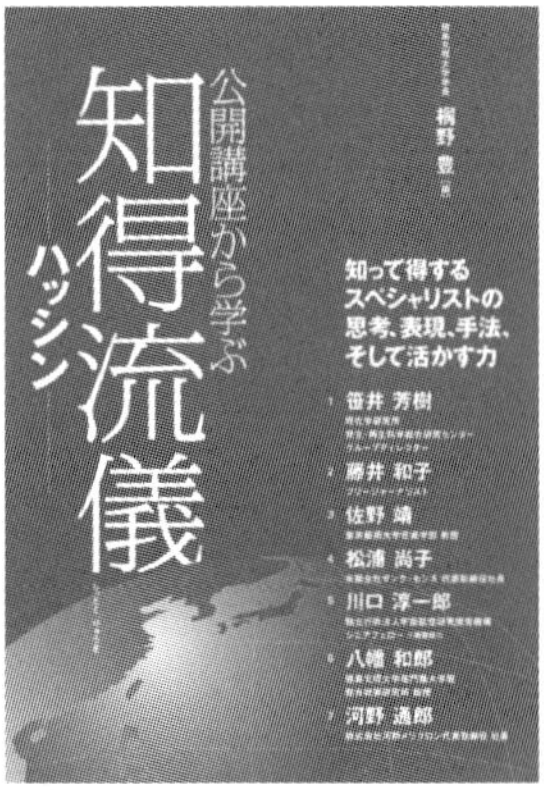

公開講座 Vol.6

四六判 二八〇頁
定価（本体 一六〇〇円＋税）

「知得流儀 キボウ」

公開講座 Vol.7

四六判 二七二頁
定価（本体 一五〇〇円＋税）

1 笹井 芳樹（理化学研究所 発生・再生科学総合研究センター グループディレクター）
「試験管の中で目玉ができた」

2 藤井 和子（フリージャーナリスト）
「語り継ぐ妖怪民話の世界」

3 佐野 靖（東京藝術大学音楽学部教授）
「『生きる力』としての音楽」

4 松浦 尚子（有限会社サンク・センス 代表取締役社長）
「飲んで幸せ、知れば納得。魅惑のワイン」

5 川口 淳一郎（独立行政法人宇宙航空研究開発機構シニアフェロー）
※掲載協力
「はやぶさが挑んだ人類初の往復飛行
～川口淳一郎氏の講演をきいて～」

6 八幡 和郎（徳島文理大学専門職大学院総合政策研究科教授）
「四国のサムライの本当の話」

7 河野 通郎（株式会社河野メリクロン 代表取締役社長）
「ランに魅せられた、これぞ前向き人生」

1 大南 信也（NPO法人グリーンバレー 代表理事）
「創造的過疎への挑戦
カミヤマ・モデルが世界を変える」

2 藤島 博文（日本画家）
「新時代をリードする『日本人の美意識』」

3 藤原 道山（尺八演奏家）［ホリプロ］
「邦楽はこんなに面白い」

4 温井 和佳奈（株式会社ブルーミング・ライフ 代表取締役）
「人生の企画者になろう」

5 竹中 登一（公益財団法人ヒューマンサイエンス振興財団 会長）
「日本発の創薬に挑む」

※肩書きは掲載当時のものです。

お問い合わせは･･･
(株) 白川書院
〈烏丸オフィス〉
〒602-8011
京都市上京区烏丸通下立売上ル
桜鶴円町375
TEL. 075-406-0011
FAX.075-406-0022
http://www.gekkan-kyoto.net
振替口座:01060-1-922

【知得流儀シリーズ】

公開講座から学ぶ 知得流儀

徳島文理大学で実施した公開講座の内容を編集。それぞれの分野のスペシャリストによる思考、表現、話題・流儀は、知って得する楽しい情報であり、全国にも通用する課題解決のヒントとなる。

徳島文理大学・
徳島文理大学短期大学部 学長

桐野 豊 編

「知得流儀 ミライ」

公開講座 Vol.8

四六判 二六四頁
定価（本体 一五〇〇円＋税）

「知得流儀 ソウセイ」

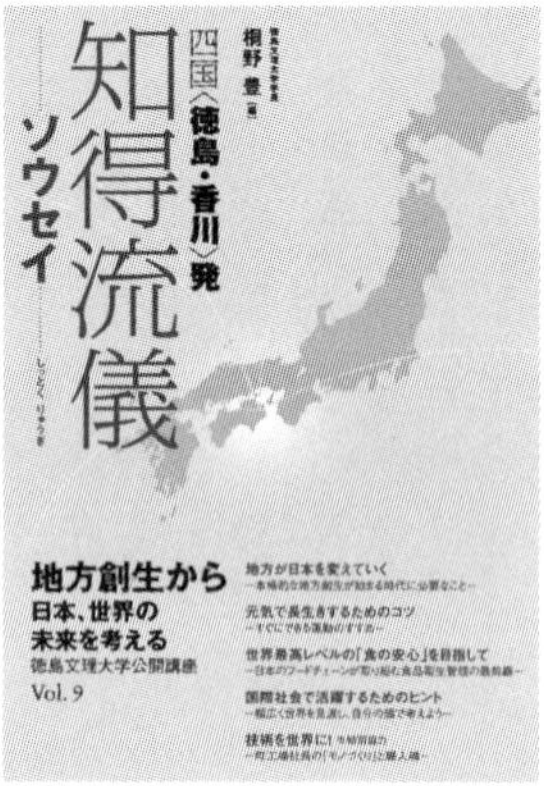

公開講座 Vol.9

四六判 二五二頁
定価（本体 一五〇〇円＋税）

1 中西 幹育
（株式会社事業創造研究所 前代表取締役）
「発明の現場から」

2 押田 茂實
（日本大学 名誉教授）
「再審事件の『闇』と『真実』」

3 村山 昇作
（iPSアカデミアジャパン株式会社 前代表取締役社長
※講演時）
「再生医療の最前線」

4 寺田 親弘
（Sansan株式会社 代表取締役社長）
「世界を変える発想とビジネス」

5 小菅 正夫 ［特別協力］
（北海道大学 客員教授
旭山動物園 前園長）
「命の輝き、生きる意味」

1 北川 正恭
（早稲田大学マニフェスト研究所 顧問、元三重県知事）
「地方が日本を変えていく」

2 鶯 春夫
（徳島文理大学保健福祉学部理学療法学科教授、医学博士、
徳島県理学療法士会 会長、四国理学療法士会 会長）
「元気で長生きするためのコツ」

3 田畑 秀樹
（株式会社ティービーティー 代表取締役社長）
「世界最高レベルの『食の安心』を目指して」

4 小林 利彦
（東京大学薬友会 会長、米国研究製薬工業協会（PhRMA、
ワシントンDC）R&Sアドバイザー、
米国バイオベンチャーアドバイザー）
「国際社会で活躍するためのヒント」

5 青木 豊彦 ［特別協力］
（株式会社アオキ取締役会長、東大阪市モノづくり親善大使）
「技術を世界に！」

※肩書きは掲載当時のものです。

お問い合わせは…
（株）白川書院
〈烏丸オフィス〉

〒602-8011
京都市上京区烏丸通下立売上ル
桜鶴円町375
TEL. 075-406-0011
FAX.075-406-0022
http://www.gekkan-kyoto.net
振替口座:01060-1-922